Desnudez

Giorgio Agamben

Desnudez

Traducciones de
Mercedes Ruvituso, María Teresa D'Meza y Cristina Sardoy

EDITORIAL ANAGRAMA
BARCELONA

Título de la edición original:
Nudità
nottetempo srl
Roma, 2009

Ilustración: © lookatcia
Diseño de la biblioteca: © lookatcia

Primera edición en «Argumentos»: septiembre 2011
Primera edición en «Compactos»: enero 2026

Diseño de la colección: Julio Vivas y Estudio A

© De la traducción, Mercedes Ruvituso y María Teresa D'Meza, 2011

© De la traducción de «¿Qué es lo contemporáneo?», Cristina Sardoy, 2011

© Giulio Einaudi editore, s. p. a., 2023

© EDITORIAL ANAGRAMA, S. A. U., 2011
    Pau Claris, 172
    08037 Barcelona

ISBN: 978-84-339-4880-9
Depósito legal: B. 16761-2025

Printed in Spain

QP Print, Miquel Torelló i Pagès, 4
08750 Molins de Rei

CREACIÓN Y SALVACIÓN

1. Los profetas desaparecen pronto de la historia de Occidente. Si es cierto que no es posible entender el judaísmo sin la figura del *nabi*, si los libros proféticos ocupan en la Biblia un lugar en todo sentido central, es igualmente cierto que, en el interior del judaísmo, operan de manera precoz fuerzas que tienden a limitar el profetismo en el ejercicio y en el tiempo. La tradición rabínica tiende así a encerrar el profetismo en un pasado ideal, que se termina con la primera destrucción del Templo en el año 587 a. C. «Después de la muerte de los últimos profetas, Ageo, Zacarías y Malaquías, el soplo santo –enseñan los rabinos– se alejó de Israel; sin embargo, los mensajes celestiales le llegan a través de la *bat kol*» (literalmente, «la hija de la voz», es decir, la tradición oral y el trabajo de comentario y de interpretación de la Torá). En el mismo sentido, el cristianismo reconoce la función esencial de la profecía y, más aún, construye la relación entre el Antiguo y el Nuevo Testamento en términos proféticos. Sin embargo, desde el preciso momento en que el Mesías apareció en la Tierra y cumplió la promesa, el profeta ya no tiene razón de ser, y Pablo, Pedro y sus compañeros se presentan como apóstoles (es decir, «enviados») y no como

profetas. Por tal razón, en la tradición cristiana, quien asume la figura del profeta no puede sino ser mirado con sospecha por la ortodoxia. También aquí, quien de algún modo quiere vincularse con la profecía sólo puede hacerlo a través de la interpretación de las Escrituras, leyéndolas de un nuevo modo o restituyéndoles su significado original perdido. Como en el judaísmo, también en el cristianismo la hermenéutica ha tomado el lugar del profetismo, la profecía puede ejercerse sólo en la forma de la interpretación.

Naturalmente, no por eso el profeta ha desaparecido del todo de la cultura occidental. Bajo diferentes disfraces, él continúa con discreción su trabajo, quizá incluso fuera del ámbito hermenéutico en sentido estricto. Así, Aby Warburg clasificaba a Nietzsche y a Jakob Burckhardt como dos tipos opuestos de *nabi,* el primero, dirigido al futuro, y el segundo, al pasado; y Michel Foucault, en la lección del 1.º de febrero de 1984 en el Collège de France, distinguía cuatro figuras de la veridicción en el mundo antiguo: el profeta, el sabio, el técnico y el parresiasta, y, en la lección siguiente, invitaba a rastrear su descendencia en la historia de la filosofía moderna. Se mantiene, sin embargo, que, al menos en líneas generales, hoy nadie podría reivindicar para sí inmediatamente la posición del profeta.

2. Se sabe que en el islam el profeta desempeña una función, si es posible, aún más esencial. No sólo los profetas bíblicos en sentido estricto, sino también Abraham, Moisés y Jesús son definidos como profetas. Y sin embargo también aquí el profeta por excelencia, Muhammad, es el «sello de la profecía», aquel que con su libro cerró definitivamente la historia del profetismo (que también aquí continúa de forma secreta a través del comentario y de la interpretación del Corán).

Sin embargo, es significativo que la tradición islámica vincule indisolublemente la figura y la función del profeta a dos obras o acciones de Dios. Según esa doctrina, existen en Dios dos obras o praxis diversas *(sunan):* la obra de la creación y la obra de la salvación (o del Imperativo). A la segunda corresponden los profetas, que sirven de mediadores para la salvación escatológica; a la primera, los ángeles, que representan la obra de la creación (del que Iblis, el ángel al cual en el origen había sido confiado el reino y que se niega a adorar a Adán, es la clave). «Dios —escribe Šahrastānī— tiene dos obras o praxis: una relacionada con su creación, y otra, con su Imperativo. Los profetas sirven de mediadores para afirmar la obra del Imperativo, mientras que los ángeles sirven de mediadores para la obra de la creación. Y puesto que el Imperativo es más noble que la creación, el mediador del Imperativo [es decir, el profeta] es más noble que el mediador de la creación.»

En la teología cristiana, ambas obras, unidas en Dios, son asignadas en la Trinidad a dos personas diferentes, el Padre y el Hijo, el creador omnipotente y el redentor, en los que Dios se ha vaciado por completo de su fuerza. Sin embargo, en la tradición islámica es decisivo que la redención preceda en rango a la creación, que lo que parece seguir sea en verdad anterior. La redención no es un remedio para la caída de las criaturas, sino aquello que sólo hace comprensible la creación, le otorga su sentido. Por eso, en el islam, la luz del profeta es el primero de los seres (así como en la tradición judaica el nombre del Mesías ha sido creado antes de la creación del mundo y en el cristianismo el Hijo, si bien generado por el Padre, le es consustancial y coevo). Y nada expresa la prioridad de la obra de la salvación por encima de la de la creación como el hecho de que la primera se presenta como una exigencia de reparación que precede, en lo creado, a la aparición de la culpa. «Cuando Dios creó a los ángeles –reza un *hadith*–, éstos alzaron la cabeza hacia el cielo y preguntaron: "Señor, ¿con quién estás?" Él respondió: "Estoy con aquel que es víctima de una injusticia, hasta que su derecho sea restablecido."»

3. Los estudiosos se han interrogado sobre el significado de las dos obras de Dios, que aparecen juntas en un solo versículo del Corán («A Él pertenecen la creación y el Imperativo», Corintios 7, 54). Se trataría, según algunos, de la íntima contradicción que, en las religiones monoteístas, opone un Dios creador a un Dios salvador (o, en la versión gnóstica y marcionita, que exaspera a la oposición, un demiurgo malvado creador del mundo a un dios extraño al mundo, del cual proceden redención y salvación). Cualquiera que sea el origen de las dos obras, es cierto que no sólo en el islam creación y salvación definen los dos polos de la acción divina. Y entonces –si es verdad que Dios es el lugar en el que los hombres piensan sus problemas decisivos–, también de la acción humana.

Tanto más interesante se vuelve la relación que vincula ambas obras: éstas son distintas y opuestas entre sí y, sin embargo, inseparables. Quien actúa y produce también debe salvar y redimir su creación. No basta con hacer, es necesario saber salvar lo que se hace. Más aún, la tarea de la salvación precede a la de la creación, como si la única legitimación para hacer y producir fuese la capacidad de redimir lo que se ha hecho y producido.

En toda existencia humana es verdaderamente singular la trama silenciosa e intransitable entre ambas obras, el avanzar cercanísimas y separadas de la palabra profética y de la palabra creadora, del poder del ángel, con el que no cesamos de producir y de mirar adelante, y del poder del profeta, que también él incansable retoma, deshace y detiene el progreso de la creación y, de este modo, lo cumple y redime. E igualmente singular es el tiempo que las mantiene juntas, el ritmo por el cual la creación precede a la redención, pero, en realidad, la sigue, y la redención sigue a la creación, pero, en verdad, la precede.

4. En el islam y en el judaísmo, la obra de la salvación –aun precediendo en rango a la obra de la creación– es confiada a una criatura, el profeta o el Mesías (en el cristianismo, esto se evidencia en el hecho de que el Hijo, aunque es consustancial al Padre, ha sido generado por él, y no creado). El pasaje de Šahrastānī que hemos citado continúa, en efecto, con estas palabras: «Y esto es digno de maravilla: que los seres espirituales [los ángeles], aun procediendo directamente del Imperativo, hayan devenido mediadores de la creación, mientras que los seres corpóreos creados [los profetas] hayan devenido mediadores del Imperativo.» Maravilloso es, aquí, que no sea al creador (o a los ángeles, que proceden directamente del poder creativo), sino a una criatura, a quien se confía la redención de lo creado. Esto significa que creación y salvación siguen siendo, de algún modo, ajenas la una con respecto a la otra, significa que no es aquello que en nosotros es principio de creación lo que podrá salvar lo que hemos producido. Y sin embargo lo que puede y debe salvar la obra de la creación resulta y proviene de ella, lo que precede en rango y dignidad deriva de lo que le es inferior.

Esto significa que el mundo será salvado no por el poder angélico espiritual (y, en último análisis, demoníaco) con el que los hombres producen sus obras (ya sean éstas obras de arte o de la técnica, de la guerra o de la paz), sino por aquel, más humilde y corpóreo, que les compete en cuanto criaturas. Pero también significa que, en el profeta, ambos poderes de algún modo coinciden, que el titular de la obra de la salvación pertenece, en cuanto a su ser, a la creación.

5. En la cultura de la Edad Moderna, filosofía y crítica han heredado la obra profética de la salvación (que ya en la esfera sagrada había sido confiada a la exégesis); mientras que poesía, técnica y arte han heredado la obra angélica de la creación. En el proceso de secularización de la tradición religiosa, sin embargo, ambas obras han extraviado de forma progresiva toda memoria de la relación que en aquélla las ligaba tan íntimamente. De aquí el carácter complicado y casi esquizofrénico que parece signar la relación entre ellas. Allí donde en un tiempo el poeta sabía dar cuenta de su poesía («Abrirla en prosa», decía Dante) y el crítico era también poeta, el crítico, que ha perdido la obra de la creación, se venga de ella pretendiendo juzgarla; el poeta, que ya no sabe salvar su obra, paga esa incapacidad entregándose ciegamente a la frivolidad del ángel. El hecho es que ambas obras, en apariencia autónomas y extrañas, son, en realidad, las dos caras de un mismo poder divino y, al menos en el profeta, coinciden en un único ser. La obra de la creación es, en verdad, sólo una chispa que se ha desprendido de la obra profética de la salvación, y la obra de la salvación, sólo un fragmento de la creación angélica que se ha vuelto consciente de sí. El profeta es un ángel que, en el mismo impulso que lo obliga a la acción, advierte de improviso en carne viva la espina de una exigencia diferente. Por ello las biografías antiguas narran que Platón era, en el origen, un poeta trágico que, mientras se dirigía al teatro para hacer representar allí su trilogía, escuchó la voz de Sócrates y quemó sus tragedias.

6. Al igual que genio y talento, distintos e incluso opuestos en el origen, se unen sin embargo en la obra del poeta, así también ambas obras, al representar los dos poderes de un único Dios, de algún modo siguen estando secretamente unidas. En cambio, aquello que decide sobre el rango de la obra es, una vez más, fruto no de la creación y del talento, sino de la signatura que genio y salvación imprimen en ella. Esa signatura es el estilo, casi la contrafuerza que, en la creación, resiste a la creación y la deshace, el contrapunto que tapa la boca del ángel inspirado. Y, a la inversa, en la obra del profeta el estilo es la signatura que la creación, en el acto de ser salvada, deja en la salvación, la opacidad y casi la soberbia con la que la creación resiste a la redención, quiere seguir siendo hasta el fin noche y criatura y, de ese modo, le confiere su tenor al pensamiento.

Una obra crítica o filosófica que no mantenga de algún modo una relación esencial con la creación está condenada al vacío, así como una obra de arte o de poesía que no contenga en sí una exigencia crítica está destinada al olvido. Pero hoy, separadas en dos sujetos diversos, ambas *sunan* divinas buscan desesperadamente un punto de encuentro, un umbral de indiferencia donde reencontrar su unidad perdida. Y lo hacen intercambiándose las partes que, no obstante, siguen estando implacablemente divididas. En el momento en que el problema de la separación entre poesía y filosofía aflora por vez primera con fuerza en la conciencia, Hölderlin evoca la filosofía, en una carta a Neuffer, como un «hospital donde el poeta desgraciado puede refugiarse con honor». Hoy, el hospital de la filosofía ha cerrado sus puertas, y los críticos, convertidos en «curadores», toman incautamente el lugar de los artistas y simulan la obra de la creación que éstos han dejado caer, mientras que los artífices, que se han vuelto inoperosos, se dedican con celo a una obra de redención en la que ya no hay obra alguna que salvar. En ambos casos, creación y salvación no inscriben ya la una en la otra la signatura de su tenaz, amoroso conflicto. No signadas y divididas, se tienden mutuamente un espejo en el cual no pueden reconocerse.

7. ¿Cuál es el sentido de la división de la praxis divina –y humana– en dos obras? Y si, en último análisis, a pesar de la diferencia de rango entre ellas, éstas parecen hundir sus raíces en un terreno o en una sustancia común, ¿en qué consiste su unidad? Tal vez el único modo de reconducirlas a una raíz común es pensar la obra de la salvación como esa parte del poder de crear que ha quedado sin ejercicio en el ángel y que puede, por lo tanto, volverse hacia sí mismo. Y así como la potencia anticipa el acto y lo excede, así la obra de la redención precede a la de la creación; y sin embargo la redención no es más que una potencia de crear que ha quedado inconclusa y que se vuelve hacia sí misma, se «salva». Pero ¿qué significa aquí «salvar»? Puesto que no hay nada, en la creación, que en última instancia no esté destinado a perderse. No sólo la parte de aquello que a cada instante se pierde y se olvida excede ampliamente la piedad de la memoria y el archivo de la redención: el cotidiano derroche de pequeños gestos, de sensaciones ínfimas, de lo que atraviesa la mente en un relámpago, de palabras trilladas, desperdiciadas; sino que también las obras del arte y del ingenio, fruto de un largo y paciente trabajo, tarde o temprano están condenadas a desaparecer.

Según la tradición islámica, es sobre esta masa inmemorial, sobre el caos informe e inconmensurable de lo que está perdido, que Iblis, el ángel que no tiene ojos más que para la obra de la creación, no deja de llorar. Llora, porque no sabe que lo que se pierde es de Dios, que cuando todas las obras hayan sido olvidadas y todos los signos y palabras se hayan vuelto ilegibles, la obra de la salvación quedará sola, imborrable.

8. ¿Qué es una potencia «salvada», un poder hacer (y no hacer) que no pasa simplemente al acto para consumirse en él, sino que se conserva y perdura (se «salva») como tal en la obra? La obra de la salvación coincide aquí punto por punto con la obra de la creación, que aquélla deshace y descrea en el instante mismo en que la lleva y la acompaña al ser. No existe gesto ni palabra, no hay color ni sello, no hay deseo ni mirada que la salvación no suspenda y vuelva inoperosos en su amoroso cuerpo a cuerpo con la obra. Lo que el ángel forma, produce y acaricia el profeta lo reconduce a lo informe y lo contempla. Sus ojos ven lo salvo, pero sólo en cuanto se pierde en el último día. Y así como, en el recuerdo, lo amado se hace de improviso completamente presente pero a condición de ser desencarnado en una imagen, también la obra de la creación está ahora en cada detalle suyo íntimamente atravesada de no-ser.

¿Qué es, entonces, aquí lo propiamente salvado? No es la criatura, pues ésta se pierde, no puede más que perderse. No es la potencia, pues ésta no tiene otra consistencia que el des-crearse de la obra. Más bien, éstas entran ahora en un umbral en el cual ya no pueden ser distinguidas en modo alguno. Esto significa que la figura última de la acción humana y divina es algo en lo que creación y salvación coinciden en lo insalvable. Puesto que sólo se da coincidencia si no existe, para el profeta, nada que salvar, ni, para el ángel, nada más que hacer. Es decir, insalvable es esa obra en la cual creación y salvación, acción y contemplación, operación e inoperosidad insisten sin residuos y a cada instante en el mismo ser (y en el mismo no-ser). De aquí su oscuro esplendor, que como una estrella se aleja vertiginosamente de nosotros para no volver.

9. El ángel que llora se hace profeta, el lamento del poeta acerca de la creación deviene profecía crítica, es decir, filosofía. Pero precisamente ahora que la obra de la salvación parece recoger en sí como inolvidable todo lo inmemorial, también ella se transforma. Ésta, es cierto, permanece, puesto que, a diferencia de la creación, la obra de la redención es eterna. En cuanto ha sobrevivido a la creación, su exigencia no se agota, sin embargo, en lo salvo, sino que se pierde en lo insalvable. Nacida de una creación que ha quedado inconclusa, termina en una salvación inescrutable y sin más objeto.

Por eso se dice que el conocimiento supremo es aquel que llega demasiado tarde, cuando ya no nos sirve. Ése, que ha sobrevivido a nuestras obras, es el fruto extremo y más precioso de nuestra vida, y, sin embargo, de algún modo ya no nos concierne, como la geografía de un país que estamos a punto de dejar. Es –al menos hasta que los hombres no hayan aprendido a hacer de él su más bella fiesta, su sábado eterno– un asunto personal, que debe realizarse deprisa y a escondidas. Y nos deja con la extraña sensación de haber comprendido por fin el sentido de ambas obras y de su inexplicable división, y de no tener, entonces, nada más que decir.

¿QUÉ ES LO CONTEMPORÁNEO?

1. La pregunta que desearía inscribir en el umbral de este seminario[1] es: «¿De quién y de qué somos contemporáneos? Y, sobre todo, ¿qué significa ser contemporáneos?» En el transcurso del seminario leeremos textos cuyos autores están a muchos siglos de nosotros y otros más recientes o recientísimos: pero, en todo caso, lo esencial es que tendremos que llegar a ser, de alguna manera, contemporáneos de esos textos. El «tiempo» de nuestro seminario es la contemporaneidad; esto exige que seamos contemporáneos de los textos y de los autores que analiza. Tanto su nivel como su resultado se medirán por su –por nuestra– capacidad de estar a la altura de esa exigencia.

De Nietzsche nos llega una indicación primera, provisoria, para orientar nuestra búsqueda de una respuesta. En un apunte de sus cursos en el Collège de France, Roland Barthes la resume así: «Lo contemporáneo es lo intempestivo.» En 1874, Friedrich Nietzsche, un joven filólogo que

---

1. El texto retoma la lección inaugural del curso de Filosofía Teórica 2006-2007 en la Facoltà di Arti e Design del Istituto Universitario di Architettura di Venezia.

había trabajado hasta entonces en textos griegos y dos años antes había alcanzado una celebridad imprevista con *El nacimiento de la tragedia,* publica *Unzeitgemässe Betrachtungen,* las *Consideraciones intempestivas,* con las cuales quiere ajustar cuentas con su tiempo, tomar posición respecto del presente. «Esta consideración es intempestiva –se lee al comienzo de la segunda "Consideración"– porque intenta entender como un mal, un inconveniente y un defecto algo de lo cual la época, con justicia, se siente orgullosa, esto es, su cultura histórica, porque pienso que todos somos devorados por la fiebre de la historia y deberíamos, al menos, darnos cuenta de ello.» Nietzsche sitúa, por lo tanto, su pretensión de «actualidad», su «contemporaneidad» respecto del presente, en una desconexión y en un desfase. Pertenece en verdad a su tiempo, es en verdad contemporáneo, aquel que no coincide a la perfección con éste ni se adecua a sus pretensiones, y entonces, en este sentido, es inactual; pero, justamente por esto, a partir de ese alejamiento y ese anacronismo, es más capaz que los otros de percibir y aferrar su tiempo.

Esta no-coincidencia, esta discronía, no significa, como es natural, que sea contemporáneo aquel que vive en otro tiempo, un nostálgico que se siente más cómodo en la Atenas de Pericles o en el París de Robespierre y del marqués de Sade que en la ciudad y en el tiempo que le tocó vivir. Un hombre inteligente puede odiar su tiempo, pero sabe de todos modos que le pertenece irrevocablemente, sabe que no puede huir de su tiempo.

La contemporaneidad es, pues, una relación singular con el propio tiempo, que se adhiere a éste y, a la vez, toma su distancia; más exactamente, es *esa relación con el tiempo que se adhiere a éste a través de un desfase y un anacronismo.* Quienes coinciden de una manera demasiado plena con la época, quienes concuerdan perfectamente con ella, no son contemporáneos ya que, por esta precisa razón, no consiguen verla, no pueden mantener su mirada fija en ella.

2. En 1923, Ósip Mandelstam escribe un poema titulado «El siglo» (pero la palabra rusa *vek* significa también «época»). El poema contiene, no una reflexión sobre el siglo, sino sobre la relación entre el poeta y su tiempo, es decir, sobre la contemporaneidad. No el «siglo», sino, según las palabras que abren el primer verso, «mi siglo» *(vek moi):*

> Siglo mío, bestia mía, ¿quién podrá
> mirar en tus ojos
> y soldar con su sangre
> las vértebras de dos siglos?

El poeta, que debió pagar su contemporaneidad con la vida, es aquel que debe mantener fija la mirada en los ojos de su siglo-bestia, soldar con su sangre la espalda quebrada del tiempo. Los dos siglos, los dos tiempos, no sólo son, como se ha sugerido, el siglo XIX y el XX, sino también y sobre todo el tiempo de la vida del individuo (recuerden que el *saeculum* latino significa en el origen el tiempo de la vida) y el tiempo histórico colectivo, que en este caso llamamos el siglo XX, cuya espalda –descubrimos en la última estrofa del poema– está quebrada. El poeta, en cuanto contemporáneo, es esa fractura, es lo que impide que el tiempo se componga y, al mismo tiempo, la sangre que debe suturar la rotura. El paralelismo entre el tiempo –y las vértebras– de la criatura y el tiempo –y las vértebras– del siglo constituye uno de los temas esenciales del poema:

> Mientras viva la criatura
> debe cargar sus propias vértebras,

las ondas juegan
con la invisible columna vertebral.
Cual tierno, infantil cartílago
es el siglo neonato de la tierra.

El otro gran tema –también, como el anterior, una imagen de la contemporaneidad– es el de las vértebras quebradas del siglo y su soldadura, que es obra del individuo (en este caso, del poeta):

Para liberar al siglo encadenado,
para dar inicio al nuevo mundo
con la flauta es necesario reunir
las rodillas nudosas de los días.

Que se trata de una tarea imposible de cumplir –o, en todo caso, paradójica– lo prueba la estrofa siguiente, que concluye el poema. No sólo la época-bestia tiene las vértebras quebradas, sino que *vek,* el siglo recién nacido, con un gesto imposible para quien tiene la espalda rota, quiere volverse atrás, contemplar sus propias huellas y, de ese modo, muestra su rostro demente:

Pero tienes quebrada la espalda,
mi magnífico, pobre siglo.
Con una sonrisa insensata,
como una bestia otrora ágil,
te vuelves hacia atrás, débil y cruel,
a contemplar tus huellas.

3. El poeta –el contemporáneo– debe tener fija la mirada en su tiempo. Pero ¿qué ve quien ve su tiempo, la sonrisa demente de su siglo? Aquí me gustaría proponerles

una segunda definición de la contemporaneidad: contemporáneo es aquel que mantiene la mirada fija en su tiempo, para percibir, no sus luces, sino su oscuridad. Todos los tiempos son, para quien experimenta su contemporaneidad, oscuros. Contemporáneo es, justamente, aquel que sabe ver esa oscuridad, aquel que está en condiciones de escribir humedeciendo la pluma en la tiniebla del presente. Pero ¿qué significa «ver una tiniebla», «percibir la oscuridad»?

Una primera respuesta nos la sugiere la neurofisiología de la visión. ¿Qué sucede cuando nos encontramos en un ambiente sin luz o cuando cerramos los ojos? ¿Qué es la oscuridad que vemos en ese momento? Los neurofisiólogos nos dicen que la ausencia de luz desinhibe una serie de células periféricas de la retina llamadas, precisamente, *off-cells,* que entran en actividad y producen esa particular especie de visión que llamamos oscuridad. La oscuridad no es, por ello, un concepto privativo, la simple ausencia de luz, algo así como una no-visión, sino el resultado de la actividad de las *off-cells,* un producto de nuestra retina. Esto significa, si volvemos ahora a nuestra tesis sobre la oscuridad de la contemporaneidad, que percibir esa oscuridad no es una forma de inercia o de pasividad sino que implica una actividad y una habilidad particulares que, en nuestro caso, equivalen a neutralizar las luces provenientes de la época para descubrir su tiniebla, su especial oscuridad, que no es, sin embargo, separable de esas luces.

Puede llamarse contemporáneo sólo aquel que no se deja cegar por las luces del siglo y es capaz de distinguir en ellas la parte de la sombra, su íntima oscuridad. Con esto, sin embargo, aún no hemos respondido a nuestra pregunta. ¿Por qué debería interesarnos poder percibir las tinieblas que provienen de la época? ¿Acaso la oscuridad no es una experiencia anónima y por definición impenetrable, algo que no está dirigido a nosotros y no puede, por lo tanto, incumbirnos? Por el contrario, contemporáneo es aquel que percibe la oscuridad de su tiempo como algo que le incumbe y no cesa de interpelarlo, algo que, más que cualquier luz, se dirige directa y singularmente a él. Contemporáneo es aquel que recibe en pleno rostro el haz de tiniebla que proviene de su tiempo.

4. En el firmamento que miramos de noche, las estrellas resplandecen rodeadas de una espesa tiniebla. Puesto que en el universo hay un número infinito de galaxias y de cuerpos luminosos, la oscuridad que vemos en el cielo es algo que, según los científicos, requiere una explicación. Me gustaría ahora hablarles justamente de la explicación que la astrofísica contemporánea le da a esa oscuridad. En el universo en expansión las galaxias más remotas se alejan de nosotros a una velocidad tan alta que su luz no llega a alcanzarnos. Lo que percibimos como la oscuridad del cielo es esa luz que viaja velocísima hacia nosotros y que no obstante no puede alcanzarnos, porque las galaxias de las que proviene se alejan a una velocidad superior a la de la luz.

Percibir en la oscuridad del presente esa luz que trata de alcanzarnos y no puede: eso significa ser contemporáneos. Por eso los contemporáneos son raros; y por eso ser contemporáneos es, ante todo, una cuestión de coraje: porque significa ser capaces, no sólo de mantener la mirada fija en la oscuridad de la época, sino también de percibir en esa oscuridad una luz que, dirigida hacia nosotros, se nos aleja infinitamente. Es decir, una vez más: ser puntuales en una cita a la que sólo es posible faltar.

Por eso el presente que la contemporaneidad percibe tiene las vértebras rotas. Nuestro tiempo, el presente, no es sólo el más distante: no puede alcanzarnos de ninguna manera. Tiene la columna quebrada y nosotros nos hallamos exactamente en el punto de la fractura. Por eso somos, a pesar de todo, sus contemporáneos. Entiendan bien que la cita que está en cuestión en la contemporaneidad no tiene lugar simplemente en el tiempo cronológico: es, en el tiempo cronológico, algo que urge dentro de éste y lo transforma. Esa urgencia es lo intempestivo, el anacronismo que nos permite aferrar nuestro tiempo en la forma de un «demasiado temprano» que es, también, un «demasiado tarde»; de un «ya» que es, también, un «no todavía». Y nos permite, además, reconocer en la tiniebla del presente la luz que, sin poder alcanzarnos jamás, está permanentemente en viaje hacia nosotros.

5. Un buen ejemplo de esta especial experiencia del tiempo que llamamos la contemporaneidad es la moda. Lo que define a la moda es que introduce en el tiempo una peculiar discontinuidad, que lo divide según su actualidad o inactualidad, su estar y su no-estar-más-a-la-moda (*a la* moda y no simplemente *de* moda, que se refiere sólo a las cosas). Pese a ser sutil, esta cesura es evidente, en el sentido de que quienes deben percibirla la perciben infaliblemente y de esa precisa manera certifican su estar a la moda; pero si tratamos de objetivarla y fijarla en el tiempo cronológico, ésta se revela inasible. Sobre todo el «ahora» de la moda, el instante en que comienza a ser, no es identificable a través de ningún cronómetro. ¿Ese «ahora» es acaso el momento en que el estilista concibe la línea, el matiz que definirá el nuevo modelo de la prenda? ¿O aquel en que la confía al diseñador y luego a la sastrería que confecciona el prototipo? ¿O, más bien, el momento del desfile, cuando la prenda la llevan las únicas personas que están siempre y sólo a la moda, las *mannequins,* que, sin embargo, justamente por eso, nun-

ca lo están realmente? Porque, en última instancia, el estar a la moda del «modelo» o del «aspecto» dependerá de que las personas de carne y hueso, distintas de las *mannequins* –esas víctimas sacrificiales de un dios sin rostro–, lo reconozcan como tal y lo conviertan en su propia vestimenta.

El tiempo de la moda está, por ende, constitutivamente adelantado a sí mismo y, justamente por eso, también siempre retrasado, siempre tiene la forma de un umbral inasible entre un «no todavía» y un «ya no». Es probable que, como sugieren los teólogos, eso dependa de que la moda, al menos en nuestra cultura, es una signatura teológica del vestido, que deriva de la circunstancia de que la primera prenda de vestir fue confeccionada por Adán y Eva después del pecado original, en la forma de un taparrabos compuesto por hojas de higuera (para mayor precisión, las prendas que llevamos hoy derivan, no de ese taparrabos vegetal, sino de las *tunicae pelliceae,* de los vestidos hechos con pieles de animales que Dios, según Génesis 3, 21, hace vestir, como símbolo tangible del pecado y de la muerte, a nuestros progenitores en el momento en que los expulsa del Paraíso). En cualquier caso, más allá de cuál sea la razón, el «ahora», el *kairós* de la moda, es inasible: la frase «en este instante estoy a la moda» es contradictoria, porque en el instante en que el sujeto la pronuncia, ya está fuera de moda. Por eso, el estar a la moda, como la contemporaneidad, comporta cierta «soltura», cierto desfase, en el que su actualidad incluye dentro de sí una pequeña parte de su afuera, un matiz de *démodé.* De una señora elegante se decía en París en el siglo XIX, en ese sentido: *«Elle est contemporaine de tout le monde»* [Ella es contemporánea a todos].

Pero la temporalidad de la moda tiene otro carácter que la emparienta con la contemporaneidad. En el gesto mismo en que su presente divide el tiempo según un «ya no» y un «no todavía», ésta instituye con esos «otros tiempos» –ciertamente con el pasado y, quizá, también con el futuro– una relación particular. Es decir, puede «citar» y, de esa manera, reactualizar cualquier momento del pasado (los años veinte, los años setenta, pero también la moda imperio o neoclásica). Puede, por ello, poner en relación lo que dividió inexorablemente, remitir, re-evocar y revitalizar lo que incluso había declarado muerto.

6. Esta especial relación con el pasado tiene asimismo otro aspecto. La contemporaneidad se inscribe, en efecto, en el presente, signándolo sobre todo como arcaico, y sólo aquel que percibe en lo más moderno y reciente los índices y las signaturas de lo arcaico puede ser su contemporáneo. Arcaico significa: próximo a la *arché*, es decir, al origen. Pero el origen no se sitúa solamente en un pasado cronológico: es contemporáneo al devenir histórico y no cesa de operar en éste, como el embrión continúa actuando en los tejidos del organismo maduro, y el niño, en la vida psíquica del adulto. La distancia y, a la vez, la cercanía que definen la contemporaneidad tienen su fundamento en esa proximidad con el origen, que en ningún punto late con tanta fuerza como en el presente. Quien ha visto por primera vez, al llegar por mar en la madrugada, los rascacielos de Nueva York, ha percibido de inmediato esa *facies* arcaica del presente, esa contigüidad con la ruina que las imágenes atemporales del 11 de septiembre hicieron evidente para todos.

Los historiadores de la literatura y del arte saben que entre lo arcaico y lo moderno hay una cita secreta, y no tanto porque las formas más arcaicas parecen ejercer en el presente una fascinación particular, sino porque la clave de lo moderno está oculta en lo inmemorial y lo prehistórico. Así, el mundo antiguo en su final se vuelve, para reencontrarse, hacia los orígenes: la vanguardia, que se extravió en el tiempo, sigue a lo primitivo y lo arcaico. En ese sentido, justamente, puede decirse que la vía de acceso al presente necesariamente tiene la forma de una arqueología. Que no retrocede sin embargo a un pasado remoto, sino a lo que en el presente no podemos en ningún caso vivir y, al permanecer no vivido, es reabsorbido sin cesar hacia el origen, sin poder alcanzarlo jamás. Porque el presente no es más que la parte de lo no-vivido en todo lo vivido, y lo que impide el acceso al presente es precisamente la masa de lo que, por alguna razón (su carácter traumático, su cercanía excesiva), no hemos logrado vivir en él. La atención a ese no-vivido es la vida del contemporáneo. Y ser contemporáneos significa, en ese sentido, volver a un presente en el que nunca estuvimos.

7. Quienes han tratado de pensar la contemporaneidad pudieron hacerlo sólo a costa de escindirla en varios tiempos, de introducir en el tiempo una des-homogeneidad esencial. Aquel que puede decir «*mi* tiempo» divide el tiempo, inscribe en él una cesura y una discontinuidad; y, sin embargo, justamente a través de esa cesura, esa interpolación del presente en la homogeneidad inerte del tiempo lineal, el contemporáneo instala una relación especial entre los tiempos. Si, como hemos visto, es el contemporáneo el que quebró las vértebras de su tiempo (o en todo caso percibió su falla o su punto de ruptura), él hace de esa fractura el lugar de una cita y de un encuentro entre los tiempos y las generaciones. Nada más ejemplar, en este sentido, que el gesto de Pablo, en el punto en que experimenta y anuncia a sus hermanos esa contemporaneidad por excelencia que es el tiempo mesiánico, el ser contemporáneos del Mesías, que él llama justamente el «tiempo-de-ahora» *(ho nyn kairós).* Ese tiempo no sólo es cronológicamente indeterminado (la *parusía,* el retorno de

Cristo que marca su fin, es cierta y cercana, pero incalculable), sino que tiene la singular capacidad de relacionar consigo mismo cada instante del pasado, de hacer de cada momento o episodio del relato bíblico una profecía o una prefiguración *(týpos,* «figura», es el término preferido por Pablo) del presente (así Adán, a través de quien la humanidad recibió la muerte y el pecado, es «tipo» o figura del Mesías, que trae a los hombres la redención y la vida).

Esto significa que el contemporáneo no es sólo aquel que, percibiendo la oscuridad del presente, aferra su luz que no llega a destino; es también quien, dividiendo e interpolando el tiempo, está en condiciones de transformarlo y ponerlo en relación con los otros tiempos, de leer en él de manera inédita la historia, de «citarla» según una necesidad que no proviene en modo alguno de su arbitrio sino de una exigencia a la que él no puede dejar de responder. Es como si esa luz invisible que es la oscuridad del presente proyectase su sombra sobre el pasado y éste, tocado por ese haz de sombra, adquiriese la capacidad de responder a las tinieblas del ahora. Algo similar debía de tener en mente Michel Foucault cuando escribía que sus indagaciones históricas sobre el pasado son sólo la sombra proyectada por su interrogación teórica del presente. Y Walter Benjamin cuando escribía que el índice histórico contenido en las imágenes del pasado muestra que éstas alcanzarán la legibilidad sólo en un determinado momento de su historia. De nuestra capacidad de prestar oídos a esa exigencia y a esa sombra, de ser contemporáneos no sólo de nuestro siglo y del «ahora» sino también de sus figuras en los textos y en los documentos del pasado, dependerán el éxito o el fracaso de nuestro seminario.

Traducción de Cristina Sardoy

K.

I. KALUMNIATOR

1. En el proceso romano, en el que la acusación pública tenía una parte limitada, la calumnia representaba una amenaza tan grave para la administración de la justicia, que se castigaba al falso acusador marcándole sobre la frente la letra K (inicial de *kalumniator*). Davide Stimilli ha tenido el mérito de mostrar la importancia de este hecho para la interpretación de *El proceso* de Kafka, que el íncipit presenta sin reservas como un proceso calumnioso («Alguien debía de haber calumniado a Josef K., porque, sin que él hubiera hecho nada malo, una mañana fue arrestado»). La letra K, sugiere Stimilli, recordando que mientras se preparaba para la profesión legal Kafka había estudiado historia del derecho romano, no se refiere a Kafka, según la opinión común que se remonta a Max Brod, sino a la calumnia.

2. Que la calumnia represente la clave de la novela –y, quizá, de todo el universo kafkiano, tan fuertemente signado por las potencias míticas del derecho– se vuelve sin embargo aún más iluminador si se observa que, puesto que la letra K no reenvía simplemente a *kalumnia* sino que se refiere al *kalumniator*, es decir, al falso acusador, esto sólo

puede significar que el falso acusador es el propio protagonista de la novela, que, por así decirlo, ha intentado un proceso calumnioso contra sí mismo. El «alguien» *(jemand)* que con su calumnia ha iniciado el proceso es el mismo Josef K.

Ahora bien, esto es precisamente lo que muestra una lectura atenta de la novela más allá de toda duda. En efecto, aunque K. sepa desde el principio que no es en absoluto cierto que el tribunal lo haya acusado («Yo no sé si usted está acusado», le dice el inspector ya en la primera entrevista) y que en todo caso su condición de «arrestado» no implica ningún cambio en su vida, busca por todos los medios penetrar en los edificios del tribunal (que no son tales, sino que se encuentran en altillos, trasteros o lavaderos, que quizá sólo su mirada transforma en tribunales) y provocar un proceso que los jueces no parecen tener ninguna intención de iniciar. Además, es K. el que, temerariamente, le admite al juez de inspección durante la primera indagación que no se trata de un verdadero proceso, sino que el proceso existe sólo en la medida en que él lo reconoce. Sin embargo, K. no duda en ir al tribunal, aunque no ha sido citado y es en esa precisa ocasión cuando admite sin necesidad que ha sido acusado. De la misma manera, durante su conversación con la señorita Bürstner, no dudaba en sugerirle que lo acusara falsamente de agresión (de algún modo, entonces, se había autocalumniado). En último término, esto es precisamente lo que el capellán de la prisión le deja entender a K. como conclusión de su extenso diálogo en la catedral: «El tribunal no quiere nada de ti: te acepta si vienes, te deja ir si te vas.» Es decir: «El tribunal no te acusa, no hace más que recibir la acusación que tú te haces a ti mismo.»

3. Todo hombre entabla un proceso calumnioso contra sí mismo. Éste es el punto de partida de Kafka. Por ello su universo no puede ser trágico, sino sólo cómico: la culpa no existe o, más bien, la única culpa es la autocalumnia, que consiste en acusarse de una culpa inexistente (es decir, de la propia inocencia, y éste es el gesto cómico por excelencia).

Este punto concuerda con el principio, enunciado en otro lugar por Kafka, por el cual «el pecado original, el antiguo error que el hombre cometió, consiste en la acusación que él hace y a la que no renuncia, de que se ha cometido un error en su contra, de que el pecado original se ha cometido contra él». También aquí, como en la calumnia, la culpa no es la causa de la acusación, sino que se identifica con ella.

Hay calumnia, en efecto, sólo si el acusador está convencido de la inocencia del acusado, si acusa sin que haya culpa alguna que verificar. En el caso de la autocalumnia, esta convicción se vuelve al mismo tiempo necesaria e imposible. El acusado, en cuanto se autocalumnia, sabe perfectamente que es inocente; pero, en cuanto se acusa, sabe igualmente que es culpable de calumnia, que merece su marca. Ésta es la situación kafkiana por excelencia. Pero ¿por qué K. –por qué todo hombre– se autocalumnia? ¿Por qué se acusa falsamente?

4. La calumnia era percibida por los juristas romanos como una desviación (ellos usaban el término *temeritas,* de *temere,* «a ciegas», «al azar», etimológicamente emparentado con «tiniebla») de la acusación. Mommsen observaba que el verbo «acusar» no parece ser en su origen un término técnico del derecho y que, en los testimonios más antiguos (por ejemplo, en Plauto y Terencio), es usado más en sentido moral que jurídico. Pero es justamente en esta función

preliminar con respecto al derecho donde la acusación revela su importancia decisiva.

El proceso romano se inicia, de hecho, con la *nominis delatio,* la inscripción, por parte del acusador, del nombre del denunciado en la lista de los acusados. *Accusare* deriva etimológicamente de *causa* y significa «poner en causa». Pero *causa,* en cierto sentido, es el término jurídico fundamental, porque indica la implicación de una cosa en el derecho (como *res* significa la implicación de una cosa en el lenguaje), el hecho de que una cosa sea fundamento de una situación jurídica. Desde esta perspectiva, es particularmente instructiva la relación entre *causa* y *res,* que, en latín, significa «cosa», «asunto». Ambas pertenecen al vocabulario del derecho y designan lo que está en cuestión en un proceso (o en una relación jurídica). Pero en las lenguas neolatinas *causa* se sustituye progresivamente por *res,* y luego de haber designado la incógnita en la terminología algebraica (así como *res,* en francés, sobrevive sólo en la forma *rien,* «nada»), da lugar al término «cosa» *(chose* en francés). La «cosa», esta palabra tan neutral y genérica, nombra, en realidad, «aquello que está en causa», aquello que está en el derecho (y en el lenguaje).

La gravedad de la calumnia está entonces en función del hecho de que vuelve a poner en cuestión el principio mismo del proceso: el momento de la acusación. Porque ni la culpa (que no es necesaria en el derecho arcaico) ni la pena definen el proceso, sino la acusación. Es más, la acusación es quizá la «categoría» jurídica por excelencia *(kategoría* significa en griego «acusación»), sin la cual todo el edificio del derecho se derrumbaría: el poner en causa al ser en el derecho. El derecho es, entonces, en su esencia, acusación, «categoría». Y el ser, puesto en causa, «acusado» en el derecho, pierde su inocencia, deviene «cosa», es decir, causa, objeto de litigio (para los romanos, *causa, res* y *lis* [pleito] eran, en este sentido, sinónimos).

5. La autocalumnia forma parte de la estrategia de Kafka en su incesante cuerpo a cuerpo con la ley. Ésta pone en cuestión en primer lugar la culpa, el principio por el cual no hay pena sin culpa. Y, con ella, también a la acusación, que se funda en la culpa (para agregar al catálogo de disparates de Brod: Kafka no se ocupa de la gracia, sino de su opuesto, la acusación). «¿Cómo puede en general ser culpable un hombre?», pregunta Josef K. al capellán de la prisión. Y de algún modo el capellán parece darle razón diciendo que no hay sentencia, sino que «el proceso mismo se transforma poco a poco en sentencia». Un jurista moderno escribió, en el mismo sentido, que en el misterio del proceso el principio *nulla poena sine iudicio* [ninguna pena sin juicio] se invierte en aquel, más tenebroso, según el cual no hay juicio sin pena, porque toda la pena está en el juicio. «Estar en un proceso semejante –le dice en determinado momento a K. el tío– significa que uno ya lo ha perdido.»
Esto es evidente en la autocalumnia y, de manera general, en el proceso calumnioso. El proceso calumnioso es una causa en la que no hay nada en causa, en la que lo que se pone en causa es la propia puesta en causa, es decir, la acusación como tal. Y allí donde la culpa consiste en dar inicio al proceso, la sentencia sólo puede ser el proceso mismo.

6. Además de la calumnia, los juristas romanos conocían otras dos *temeritates* u oscurecimientos de la acusación: la *praevaricatio,* es decir, la colusión entre el acusador y el acusado, simétricamente opuesta a la calumnia, y la *tergiversatio,* el desistir de la acusación (para los romanos, que veían una analogía entre la guerra y el proceso, el desistir de

la acusación era una forma de deserción: *tergiversar* significa en el origen «dar la espalda»).

Josef K. es culpable de estas tres formas: porque se calumnia, porque, en cuanto se autocalumnia, coludue consigo mismo y porque no es solidario con la propia acusación (en este sentido, «tergiversa», busca escapatorias y exige tiempo).

7. Se comprende, entonces, la sutileza de la autocalumnia como estrategia que tiende a desactivar y a volver inoperosa la acusación, la puesta en causa que el derecho le hace al ser. Porque si la acusación es falsa y si, por otro lado, el acusador y el acusado coinciden, entonces es la propia implicación fundamental del hombre en el derecho la que se vuelve a poner en cuestión. El único modo de afirmar la propia inocencia frente a la ley (y a las potencias que la representan: el padre, el matrimonio) es, en este sentido, acusarse falsamente.

Que la calumnia puede ser un arma de defensa en la lucha con las autoridades lo dice con claridad el otro K., el protagonista de *El castillo:* «Sería un medio de defensa relativamente inocente, pero al final también insuficiente.» Kafka, en efecto, es plenamente consciente de la insuficiencia de esta estrategia. Porque el derecho responde transformando en delito la propia puesta en causa y haciendo de la autocalumnia su propio fundamento. No sólo, entonces, el derecho pronuncia la condena en el momento mismo en que reconoce la falta de fundamento de la acusación, sino que además transforma el subterfugio del autocalumniador en su eterna justificación. En la medida en que los hombres no dejan de calumniarse a sí mismos y a los otros, el derecho (es decir, el proceso) es necesario para decidir cuáles acusaciones están fundadas y cuáles no. De este modo, el derecho puede justificarse a sí mismo, presentándose como un baluarte contra el delirio autoacusatorio de los hombres (y, en alguna medida, éste realmente ha actuado como tal, por ejemplo, respecto a la religión). Y aunque el hombre siempre fuera inocente, si ningún hombre puede decirse culpable en general, siempre quedaría como pecado original la autocalumnia, la acusación sin fundamento que el hombre formula contra sí mismo.

8. Es importante distinguir entre la autocalumnia y la confesión. Cuando Leni intenta inducirlo a confesar, sugiriéndole que sólo cuando se ha confesado la culpa «uno tiene la posibilidad de escabullirse», K. rápidamente rechaza la invitación. Sin embargo, en cierto sentido, todo el proceso tiende a producir la confesión, que, ya en el derecho romano, vale como una especie de autocondena. Aquel que ha confesado, recita un adagio jurídico, ya es juzgado *(confessus pro iudicato),* y la equivalencia entre confesión y autocondena es afirmada sin reservas por uno de los juristas romanos más autorizados: quien confiesa, por así decirlo, se condena a sí mismo *(quodammodo sua sententia damnatur).* Pero aquel que se ha acusado falsamente, como acusado, se encuentra por ello mismo en la imposibilidad de confesar, y el tribunal puede condenarlo como acusador sólo si se le reconoce la inocencia como acusado.

En este sentido, la estrategia de K. puede definirse con mayor precisión como la tentativa fallida de hacer imposible, no el proceso, sino la confesión. Por lo demás, afirma un fragmento de 1920, «confesar la propia culpa y mentir son la misma cosa. Para poder confesar se miente». Kafka parece inscribirse, entonces, en una tradición que, en contra del favor del que goza la confesión en la cultura judeocristiana, rechaza decididamente toda confesión; desde Cicerón, que la definía como «repugnante y peligrosa» *(turpis et periculo-*

sa), hasta Proust, que aconsejaba cándidamente: «No conféséis nunca» *(N'avouez jamais).*

9. En la historia de la confesión es particularmente significativa su relación con la tortura, a la que Kafka no podía no ser sensible. Mientras en el derecho del período republicano la confesión se admitía con reservas y servía más bien para defender al acusado, en el período imperial, sobre todo para los delitos contra el poder (complot, traición, conspiración, impiedad contra el príncipe), pero también para el adulterio, la magia y la adivinación ilícita, el procedimiento penal implicaba la tortura del acusado y de sus esclavos para extraer su confesión. «Arrancar la verdad» *(veritatem eruere)* es el lema de la nueva racionalidad judicial que, uniendo estrechamente confesión y verdad, hace de la tortura (en los casos de lesa majestad, extendida también a los testigos) el instrumento probatorio por excelencia. De aquí el nombre de *quaestio* que la designa en las fuentes jurídicas: la tortura es investigación de la verdad *(quaestio veritatis)* y en estos términos será retomada por la Inquisición medieval.

Una vez en la sala de audiencia, el imputado padecía un primer interrogatorio. Luego de las primeras indecisiones o contradicciones, o incluso sólo porque se declaraba inocente, el juez hacía aplicar la tortura. El acusado era recostado de espaldas sobre un caballete *(eculeus,* «pequeño caballo»: por ello el término alemán para tortura, *Folter,* deriva de *Fohlen,* «potro»), con los brazos extendidos atrás hacia arriba y las manos atadas con una cuerda que pasaba por una polea, de modo que, cuando el verdugo *(quaestionarius, tortor)* tiraba, podía provocar la luxación de las clavículas. Además de este primer estadio, del que tomaba su nombre la tortura (de *torqueo,* «torcer hasta partir»), muchas veces ésta implicaba también la fustigación y la laceración con ganchos y rastras de hierro. El ensañamiento en la «búsqueda de la verdad» era tal que la tortura podía prolongarse varios días, hasta obtener la confesión.

A medida que se difunde la práctica de la tortura, la confesión se interioriza y, de ser una verdad arrancada a la fuerza por el verdugo, se transforma en algo que el sujeto está obligado, desde su conciencia, a declarar espontáneamente. Las fuentes registran con sorpresa los casos de personas que confiesan sin ser acusadas o después de haber sido absueltas en un proceso; incluso en estos casos, sin embargo, la confesión, como «voz de la conciencia» *(confessio conscientiae vox),* tiene valor probatorio e implica la condena de aquel que confiesa.

10. La relación esencial entre la tortura y la verdad parece atraer la atención de Kafka de manera casi morbosa. «Sí, la tortura para mí es importantísima –le escribe en noviembre de 1920 a Milena–, no me ocupo más que de ser torturado y de torturar. ¿Por qué? [...] para conocer de aquella maldita boca esa maldita palabra.» Dos meses antes, agrega a su carta un pedazo de papel con el dibujo de una máquina de tortura de su invención, cuyo funcionamiento aclara con estas palabras: «Cuando un hombre se ata de esta manera, las dos varas se empujan lentamente hacia afuera hasta que éste se parte en dos.» Y que la tortura sirve para extraer la confesión lo confirma pocos días antes, comparando su condición con la de un hombre al que se le aprieta la cabeza en un torno con dos tornillos sobre las sienes: «La diferencia sólo está en esto: [...] que para gritar no espero a que se me ajusten los tornillos para arrancarme la confesión, yo ya me pongo a gritar cuando me los acercan.»

Que no se trataba de un interés episódico lo prueba el cuento *En la colonia penitenciaria,* que Kafka escribe en pocos días en octubre de 1914, interrumpiendo la redacción de *El proceso.* El «aparato» inventado por el «viejo comandante» es, en efecto, al mismo tiempo, una máquina de tortura y un instrumento de ejecución de la pena capital (el propio oficial lo sugiere, cuando, anticipando una posible objeción, dice: «Entre nosotros la tortura sólo existía en la Edad Media»). Es precisamente porque une en sí estas dos funciones que la pena infligida por la máquina coincide con una *quaestio veritatis* particular, en la que aquel que descubre la verdad no es el juez sino el acusado, que lo hace descifrando la escritura que la rastra le rasga en la carne. «Incluso al más idiota se le abre la cabeza. Empieza por los ojos y se difunde desde allí. Es un espectáculo que podría llevar a cualquiera a hacerse poner bajo la rastra. No ocurre nada más, excepto que el hombre empieza a descifrar la inscripción, fija los labios como si estuviera escuchando. Usted ha visto que no es fácil descifrar la inscripción con los ojos, pero nuestro hombre la descifra con sus heridas. Es un trabajo difícil, se necesitan seis horas para cumplirlo. Pero en ese momento, la rastra lo atraviesa de lado a lado y lo tira en el hoyo, donde se desploma sobre la guata y el agua ensangrentada.»

11. Kafka escribió *En la colonia penitenciaria* durante la redacción de *El proceso,* y la situación del condenado presenta más de una analogía con la de K. Así como K. no sabe de qué es acusado, en el cuento, el condenado no sabe que lo ha sido. Y tampoco conoce la sentencia («Comunicársela –explica el oficial– sería inútil. La experimentará en carne propia»). Ambas historias parecen terminar con la ejecución de una sentencia capital (que el oficial del cuento parece

infligirse a sí mismo en lugar de al condenado). Pero es la obviedad de esta conclusión lo que hace falta cuestionar. Que no se trata de una ejecución, sino sólo de una tortura, se dice con claridad en el cuento precisamente en el momento en que la máquina se destroza y ya no es capaz de desarrollar su función: «No era una tortura lo que el oficial había querido infligirse, era un real asesinato.» El verdadero fin de la máquina es, pues, la tortura como *quaestio veritatis;* la muerte, como a menudo ocurre en la tortura, es sólo un efecto colateral del descubrimiento de la verdad. Cuando la máquina ya no es capaz de hacerle descifrar al condenado la verdad sobre su propia carne, la tortura le cede el lugar a un simple homicidio.

El capítulo final de *El proceso* debe releerse desde esta perspectiva. Tampoco en este caso se trata de la ejecución de una sentencia, sino de una escena de tortura. Los dos hombres con chistera, que a K. le parecen actores de segunda clase o simplemente «tenores», no son verdugos en sentido técnico sino *quaestionarii* [cuestionadores], que tratan de sacarle una confesión que hasta ese momento no le fue requerida por nadie (si es cierto que ha sido K. el que se ha autoacusado falsamente, es quizá la confesión de esta calumnia lo que ellos quieren arrancarle). Esto se confirma por la curiosa descripción de su primer contacto físico con K., que recuerda, aunque en vertical, la tensión de los brazos y la posición del acusado en la *quaestio:* «Mantenían los hombros pegados detrás de los suyos y en lugar de doblar los brazos, los envolvían a lo largo de los de K. para sujetarlos, aferrándolos por las manos con una habilidad metódica, entrenada e irresistible. K. caminaba rígido y tenso entre ellos, y los tres formaban tal unidad que, si alguien hubiera chocado a uno de ellos [*zerschlagen hätte*], los habría chocado a los tres.»

Incluso la escena final, donde K. está tendido sobre la piedra «en una posición muy forzada e improbable», es más un acto de tortura que ha terminado mal que una ejecución capital. Y así como el oficial de la colonia penal no logra encontrar la verdad que buscaba en la tortura, también la muerte de K. parece más un homicidio que la conclusión de una *quaestio veritatis*. Al final, de hecho, no le alcanzan las fuerzas para hacer lo que sabía era su deber: «Agarrar el cuchillo que de mano en mano le pasaba por encima y clavárselo.» Quien se había calumniado a sí mismo podía confesar su verdad sólo torturándose a sí mismo. En todo caso, la tortura, como investigación sobre la verdad, falló en su objetivo.

12. K. (todo hombre) se autocalumnia para sustraerse a la ley, a la acusación que ella parece dirigirle inevitablemente y a la que es imposible sustraerse («Declararse simplemente inocentes –le dice en un momento el capellán de la prisión– es lo que suelen hacer los culpables»). Pero, al actuar de este modo, termina por parecerse al prisionero al que se refiere Kafka en un fragmento, que «ve levantarse una horca en el patio de la cárcel, cree por error que le está destinada, de noche se escapa de su celda, baja hasta allí y se cuelga». De aquí la ambigüedad del derecho, que tiene su raíz en la autocalumnia de los individuos y se presenta sin embargo como una potencia extraña y superior a ellos.

En este sentido debería leerse la parábola sobre la puerta de la ley que el sacerdote le cuenta a K. en la escena en la catedral. La puerta de la ley es la acusación, a través de la cual el individuo es implicado en el derecho. Pero la primera y suprema acusación es pronunciada por el propio acusado (aunque sea en la forma de una autocalumnia). Por ello la estrategia de la ley consiste en hacerle creer al acusado que la acusación (la puerta) le está destinada (quizá) justo a él, que (quizá) el tribunal exija algo de él, que (quizá) está en curso un proceso que lo implica. En realidad no hay ninguna acusación ni ningún proceso, al menos hasta el momento en que aquel que se cree acusado no se acusa a sí mismo.

Éste es el sentido del «engaño» *(Täuschung)* que, según las palabras del sacerdote, se cuestiona en la parábola («En los escritos introductorios a la ley se habla de este engaño: delante de la puerta de la ley hay un guardián»). El problema no es tanto saber, como cree K., quién engaña (el guardián) y quién es engañado (el campesino). Ni si las dos afirmaciones del guardián («Ahora no puedes entrar» y «Esta entrada estaba destinada sólo a ti») son contradictorias o no. Éstas significan en todo caso «tú no estás acusado» y «la acusación te concierne sólo a ti, sólo tú puedes acusarte y ser acusado». Son, pues, una invitación a la autoacusación, a dejarse capturar en el proceso. Por ello la esperanza de K. de que el sacerdote pueda darle un «consejo decisivo» que lo ayude no a influir en el proceso sino a evitarlo, a vivir lejos de él por siempre, sólo puede ser en vano. En realidad, el sacerdote también es un guardián de la puerta, también él «pertenece al tribunal»; y el verdadero engaño es justamente la existencia de los guardianes, de hombres (o ángeles: custodiar la puerta es, en la tradición hebrea, una de las funciones de los ángeles) –desde el último funcionario hasta los abogados y el juez más alto–, cuyo fin es inducir a los otros hombres a acusarse, a hacerlos pasar a través de la puerta que no conduce a ninguna parte, sino sólo al proceso. Sin embargo, la parábola contiene quizá un «consejo». Se trata no del estudio de la ley, que en sí misma no tiene culpa, sino del «largo estudio de su guardián» *(in dem jahrelangen Studium des Türhüters),* al que el campesino se dedica ininterrumpidamente durante su estadía delante de la ley. Gracias a este estudio, a este nuevo Talmud, el campesino, a diferencia de Josef K., logrará vivir hasta el final fuera del proceso.

II. AGRIMENSOR

1. En la medida en que tenía que ver con la constitución de las fronteras o los límites, el agrimensor tenía una importancia particular en Roma. Para convertirse en *agrimensor* (o, según el término que derivaba del nombre de su instrumento, *gromaticus),* se debía aprobar un difícil examen, sin el cual el ejercicio de la profesión podía ser castigado con la pena de muerte. En efecto, la frontera en Roma tenía a tal punto un carácter sagrado, que la persona que borraba las fronteras *(terminum exarare)* devenía *sacer* y podía ser asesinada impunemente por cualquiera. La importancia de la agrimensura se explica también por razones más simples. Tanto en el derecho civil como en el público, la posibilidad de conocer las fronteras de los territorios, de localizar y asignar las porciones del suelo *(ager)* y, en fin, de decidir sobre las peleas fronterizas condicionaba el ejercicio mismo del derecho. Por ello, en la medida en que era un *finitor* por excelencia –aquel que establece, conoce y decide las fronteras–, el agrimensor era llamado también *iuris auctor,* «creador de derecho», y *vir perfectissimus* [varón perfectísimo].

No sorprende, entonces, que la primera compilación de textos sobre la agrimensura preceda casi un siglo al *Corpus iuris* de Justiniano. Y, menos aún, que inmediatamente después de la promulgación de éste se sintiera la necesidad de proceder a una nueva edición del *Corpus gromaticum,* que intercalaba en los escritos de los agrimensores las opiniones de los juristas.

2. El instrumento del agrimensor romano era la *groma (o gruma),* una especie de cruz, cuyo centro se colocaba en correspondencia con un punto del suelo (llamado *umbilicus solis)* y de cuyas extremidades colgaban cuatro hilos tensados por un ligero peso. Gracias a este instrumento, el agrimensor podía trazar las líneas rectas *(rigores)* que le permitirían medir el terreno y trazar sus límites.

Las dos líneas fundamentales, que se cruzaban en ángulo recto, eran el *kardo,* trazado de Norte a Sur y el *decumanus,* que corría de Este a Oeste. Estas dos líneas se correspondían, en la fundación del *castrum* («lugar fortificado» o «castillo» –*castellum* es el diminutivo de *castrum*–, pero también «campamento militar»), con las dos calles principales en torno a las cuales se alzaban las viviendas (o las tiendas de los soldados, en el caso del campamento militar).

Para los romanos, el carácter originariamente celeste de esta *constitutio limitum* [constitución del límite] fundamental estaba fuera de duda. Por ello el tratado de Higino sobre la *Constitución de los límites* comienza con estas palabras: «Entre todos los rituales y los actos que conciernen a las medidas, el más eminente es la constitución de los límites. Ésta tiene un origen celeste y una duración perpetua [...] porque los límites son constituidos en referencia al mundo: los *decumani* son trazados, en efecto, siguiendo el curso del sol, y los *kardines,* según el eje de los polos.»

3. En 1848 tres eminentes filólogos e historiadores del derecho, F. Blume, K. Lachmann y A. Rudorff, publicaron en Berlín la primera edición moderna del corpus de los

agrimensores romanos: *Die Schriften der römischen Feldmesser* [*Escritos de los agrimensores romanos*]. La edición, que reunía en dos volúmenes los tratados de Sexto Julio Frontino, Agennio Urbico, Higino Gromático y Sículo Flaco, incluía un amplio apéndice que reproducía las ilustraciones de los manuscritos. Entre estas ilustraciones, es particularmente sorprendente la imagen de un *castrum,* reproducida en no menos de veintinueve variantes, porque recuerda la descripción del castillo que se le aparece a K. en el primer capítulo de la novela: «No era ni una casa noble medieval ni un edificio lujoso nuevo, sino una extensa construcción, compuesta de algunos edificios de dos plantas y varias casas bajas juntas, una contra la otra. Quien no hubiera sabido que era un castillo habría podido confundirlo con una pequeña ciudad.» En las ilustraciones aparece varias veces la torre redonda con pequeñas ventanas que a K. le recuerda el campanario de su pueblo.

Otras ilustraciones muestran, en cambio, el resultado de la primera *constitutio limitum:* la división fundamental del espacio según el *kardo* y el *decumanus.* En cada una de ellas, en el extremo septentrional del meridiano que va de Norte a Sur, se lee con claridad la letra K, inicial de *kardo.* En el polo opuesto, está la letra M (por *meridianus),* de modo que KM define la primera línea, el límite fundamental, mientras que DM (abreviación de *decumanus meridianus)* define la segunda, perpendicular a la primera. La letra K, sola o en combinación con otras, aparece varias veces en el texto con este mismo significado.

4. Intentemos tomar en serio la profesión del protagonista de *El castillo.* En la lengua de los agrimensores, K significa *kardo* y se llama de esta forma «porque se dirige hacia el cardinal del cielo» *(quod directum ad kardinem coeli*

est). Aquello de lo que K. se ocupa, la profesión que con un aire de provocación les declara a los funcionarios del castillo y que ellos reciben como una especie de desafío, es, pues, la «constitución de los límites». El conflicto –si se trata, como parece, de un conflicto– no consiste tanto, según la imprudente sugerencia de Brod, en la posibilidad de establecerse en el pueblo y ser aceptado en el castillo, sino en el establecimiento (o la transgresión) de las fronteras. Y si el castillo, siempre según Brod, es la gracia como «gobierno divino» del mundo, entonces el agrimensor que no se presenta con sus instrumentos, sino «con un nudoso bastón al alcance de la mano», está envuelto en una lucha obstinada con el castillo y sus funcionarios por los límites de este gobierno, en una implacable y muy especial *constitutio limitum*.

5. El 16 de enero de 1922, durante la redacción de *El castillo,* Kafka anota en su diario algunos comentarios sobre el límite. Muchas veces se ha subrayado la importancia de estos comentarios, sin que no obstante se pusieran en relación con la profesión del protagonista de la novela. Kafka habla de un derrumbamiento *(Zusammenbruch)* que se había producido la semana anterior, luego del cual el mundo interior y el exterior se separaron y laceraron recíprocamente. El desenfreno salvaje *(Wildheit)* que se produjo en la interioridad se describe en los términos de una «caza» *(Jagen),* en la cual «la observación de sí no deja en paz ninguna representación, sino que las empuja hacia arriba [*emporjagt*] para luego ser a su vez cazada [*weitergejagt*] como representación de una nueva observación de sí». En este punto, la imagen de la caza cede el puesto a una reflexión sobre el límite entre los hombres y sobre lo que está fuera y sobre ellos: «Esta caza procede en dirección opuesta a la humanidad [*nimmt die Richtung aus der Menschheit*]. La so-

ledad, que la mayoría de las veces me fue desde siempre impuesta y que en parte fue buscada por mí (¿pero no era también ésta una constricción?), ahora pierde toda ambigüedad y va hasta el extremo [*geht auf das Äusserste*]. ¿Hacia dónde conduce? Puede llevar, y esto me parece ineludible, a la locura [*Irrsinn*, etimológicamente ligado a *irren*, "vagar", "errar"], no hace falta añadir nada más, la caza pasa a través de mí y me lacera. O bien puedo (¿puedo?), aunque sea mínimamente, quedarme de pie y así dejarme llevar por la caza. ¿Adónde llego entonces? "Caza" es sólo una imagen, también puedo decir "asalto contra el último límite terreno" [*Ansturm gegen die letzte irdische Grenze*], y entonces asalto desde lo bajo, a partir de los hombres y, ya que también ésta es sólo una imagen, puedo reemplazarla con la de un asalto desde arriba, hacia mí.

»Toda esta literatura es un asalto al límite y, si el sionismo no se hubiera entrometido, habría podido desarrollarse en una nueva doctrina secreta, una cábala [*zu einer neuen Geheimlehre, einer Kabbala*]. Existen ideas para ello. Pero, por cierto, se requiere un genio inconcebible que entierre nuevamente sus raíces en los siglos antiguos o que los cree nuevamente, sin por ello consumir sus fuerzas; al contrario, empezando a consumirlas sólo desde ahora.»

6. El carácter en todo sentido «decisivo» de esta anotación no se les ha escapado a los estudiosos. Ésta implica, en el mismo gesto, una decisión existencial («ir hasta el extremo», no ceder más a la debilidad que, como anotará el 3 de febrero, lo «ha mantenido alejado, hasta ahora, tanto de la locura como del ascenso», *Aufstieg*, de nuevo la idea de un movimiento hacia lo alto) y una teología poética (la nueva cábala opuesta al sionismo, la antigua, compleja herencia gnóstico-mesiánica contra la psicología y la superficialidad

de la *westjüdische Zeit* [época judío-occidental] en la que vivía). Pero esta anotación se vuelve aún más decisiva si se la refiere a la novela que Kafka está escribiendo y a su protagonista, el agrimensor K. *(kardo,* «aquel que se dirige hacia el cardinal del cielo»). La elección de la profesión (que el propio K. se asigna, nadie lo ha contratado para este trabajo, del que, como el alcalde le hace notar, no tienen ninguna necesidad en el pueblo) es, entonces, a la vez una declaración de guerra y una estrategia. Él no ha venido a ocuparse de las fronteras entre los huertos y las casas del pueblo (que, en palabras del alcalde, ya están «debidamente cercadas y registradas»). Más bien, puesto que la vida en el pueblo está, en realidad, completamente determinada por las fronteras que lo separan del castillo y, a la vez, lo mantienen unido a él, son ante todo esos límites los que la llegada del agrimensor viene a poner en cuestión. El «asalto al último límite» es un asalto contra los límites que separan el castillo (lo alto) del pueblo (lo bajo).

7. Una vez más –ésta es la gran intuición estratégica de Kafka, la nueva cábala que él prepara– la lucha no se lleva a cabo contra Dios o la soberanía suprema (el conde Westwest, que nunca está realmente en juego en la novela), sino contra los ángeles, los mensajeros y los funcionarios que parecen representarlos. Una lista de las personalidades del castillo con las que K. de algún modo tiene que ver es, en este sentido, instructiva: además de varias «muchachas del castillo», un ayudante de portería, un mensajero, un secretario, un jefe de sección (con el que nunca tiene una relación directa, pero cuyo nombre, Klamm, parece evocar los puntos extremos –KM– del *kardo).* No se trata, pues, sin intención de contrariar a los intérpretes teológicos –tanto judíos como cristianos–, de un conflicto con lo divino, sino de un

cuerpo a cuerpo con las mentiras de los hombres (o de los ángeles) sobre lo divino (principalmente aquellas corrientes del entorno de los intelectuales judío-occidentales al que Kafka pertenece). Lo que el agrimensor quiere poner en cuestión son sus fronteras, las separaciones y las barreras que éstas han establecido entre los hombres, y entre los hombres y lo divino.

Tanto más errada parece, entonces, la interpretación por la cual K. querría ser aceptado en el castillo y establecerse en el pueblo. El pueblo, en sí mismo, a K. no le interesa en absoluto. Y menos aún el castillo. Lo que le interesa al agrimensor es el límite que los divide y une, y que él quiere abolir o, más bien, volver inoperoso. Ya que nadie parece saber por dónde pasa materialmente este límite, quizá en realidad no existe; sin embargo pasa, como una puerta invisible, dentro de cada hombre.

Kardo no es sólo un término de la agrimensura: también significa la bisagra[1] de la puerta. «Bisagra –según una etimología de Isidoro de Sevilla– es el lugar en el que la puerta [*ostium*] gira y se mueve, y se llama así a raíz del término griego para el corazón [*apò tês kardías*], porque así como el corazón del hombre gobierna cada cosa, la bisagra sujeta y mueve la puerta. De aquí el proverbio: *in cardinem esse,* "encontrarse en el punto decisivo".» «La puerta [*ostium*] –continúa Isidoro, con una definición que Kafka habría podido suscribir sin reservas– es aquello gracias a lo cual alguien nos impide entrar», y los *ostiarii,* los porteros, «son aquellos que en el Antiguo Testamento les impiden a los impuros la entrada al Templo». La bisagra, el punto decisivo, es aquel en que la puerta, que obstruye el acceso, es neutralizada. Y si Bucéfalo es el «nuevo abogado», que estu-

---

1. En italiano, *cardine. (N. de las T.)*

dia la ley sólo a condición de que ya no se aplique más, K. es el «nuevo agrimensor», que vuelve inoperosos los límites y las fronteras que separan (y a la vez mantienen unidos) lo alto y lo bajo, el castillo y el pueblo, el templo y la casa, lo divino y lo humano. Qué serían lo alto y lo bajo, lo divino y lo humano, lo puro y lo impuro una vez que la entrada (es decir, el sistema de las leyes, escritas y no escritas, que regulan sus relaciones) haya sido neutralizada, qué sería finalmente de aquel «mundo de la verdad» al que le dedica sus investigaciones el protagonista canino del relato que Kafka escribe cuando interrumpe definitivamente la redacción de la novela: esto es lo que el agrimensor apenas podrá entrever.

DE LA UTILIDAD Y LOS INCONVENIENTES
DE VIVIR ENTRE ESPECTROS

En la lección inaugural pronunciada en el Istituto Universitario di Architettura di Venezia en febrero de 1993, Manfredo Tafuri evoca sin términos medios el «cadáver» de Venecia. Al recordar la batalla librada contra aquellos que habrían deseado que la ciudad fuera sede de la EXPO, concluye no sin cierta tristeza: «El problema no era si sería mejor ponerle maquillaje a un cadáver, mejor ponerle colorete, hacerlo tan ridículo que causara risa incluso a los niños; o bien lo que hemos conseguido nosotros los defensores, pero sin poder, profetas desarmados, es decir, que el cadáver se licúe ante nuestros ojos.»

Quince años han pasado desde este diagnóstico implacable, formulado por alguien que contaba con toda la competencia y la autoridad para hacerlo, y cuya exactitud nadie (ni siquiera entre aquellos que, alcaldes, arquitectos o ministros, entonces como hoy, han tenido y tienen, en palabras de Tafuri, la «indecencia» de continuar maquillando y rebajando el cadáver) con buena fe pondría en duda. Sin embargo, bien pensado, esto significa que Venecia no es más un cadáver, que si ésta de algún modo aún existe, no puede sino haber pasado necesariamente al estadio que sigue a la muerte y a la descomposición del cadáver. Ese estadio es el espectro. Es decir, el de un muerto que de pronto aparece, en general en horas de la noche, cruje y envía señales, a veces incluso habla, si bien no siempre de modo inteligible. «Son susurros los que Venecia logra lanzar», escribía Tafuri, añadiendo que éstos resuenan insoportables en los oídos de la modernidad.

Quien vive en Venecia está familiarizado con este espectro. Aparece de improviso durante un paseo nocturno cuando, al cruzar un pequeño puente, la mirada se desvía hacia el costado a lo largo del *rio*[1] inmerso en las sombras, donde en una ventana arde a lo lejos una mortecina luz anaranjada, y, sobre otro puente idéntico, un paseante le tiende un espejo empañado. O cuando a lo largo de las Zattere[2] desiertas, la Giudecca casi balbuceando escurre sobre las Fondamenta[3] algas podridas y botellas de plástico. Se trataba aún del mismo espectro que, gracias al eco invisible de una última nota de luz sostenida indefinidamente sobre los canales, Marcel veía envolverse en los reflejos de los palacios en ornamentos cada vez más negros. Y, antes aún, en el origen mismo de la ciudad que, como en casi todas partes en Italia, no nace del encuentro entre el mundo tardoantiguo en declive y las nuevas fuerzas bárbaras, sino de extenuados fugitivos que, al abandonar sus ricas sedes romanas, llevan consigo en la mente su fantasma, para disolverlo en aguas, trazos, colores.

1. *Rio:* en Venecia, nombre de los canales de la ciudad. *(N. de las T.)*
2. El autor se refiere al conocido paseo de Venecia llamado Fondamenta delle Zattere (literalmente «paseo» o «rambla de las balsas»), que constituye el límite meridional de la ciudad y corre a lo largo del canal de la Giudecca. *(N. de las T.)*
3. Ídem.

¿De qué está hecho un espectro? De signos, o más bien, con mayor precisión, de signaturas, es decir, de aquellos signos, cifras o monogramas que el tiempo inscribe en las cosas. Un espectro siempre lleva consigo una fecha, es, pues, un ser íntimamente histórico. Por ello, las viejas ciudades son el lugar eminente de las signaturas que el *flâneur* lee con cierta distracción en el curso de sus derivas y de sus paseos; por ello, las malas restauraciones, que «confitan» las superficies y uniforman las ciudades europeas, borran sus signaturas, las hacen ilegibles. Y por ello las ciudades, y de modo especial Venecia, se parecen a los sueños. En efecto, en el sueño cada cosa le guiña el ojo a quien la sueña, cada criatura exhibe una signatura a través de la cual significa más de lo que podrían expresar sus rasgos, sus gestos y sus palabras. Sin embargo, incluso quien busca con obstinación interpretar sus sueños, desde algún lugar está convencido de que éstos no significan nada. Así, en la ciudad, todo lo que ha sucedido en esa *calle*,[1] en esa plaza, en esa vía, en esas *fondamenta*, en esa *ruga*,[2] de golpe se condensa y cristaliza en una figura, a la vez lábil y exigente, muda y cómplice, resentida y distante. Esa figura es el espectro o el genio del lugar.

¿Qué le debemos a aquello que ha muerto? «El acto de amor de recordar a un muerto –escribe Kierkegaard– es el acto de amor más desinteresado, libre y fiel.» Pero con certeza no el más fácil. El muerto, en efecto, no sólo no pide

---

1. *Calle:* nombre de las características callecitas de Venecia. *(N. de las T.)*

2. *Ruga:* en Venecia, calle que tiene a ambos lados casas y negocios. *(N. de las T.)*

nada, sino que parece hacer de todo para ser olvidado. Precisamente por eso, sin embargo, el muerto es tal vez el objeto de amor más exigente, respecto al cual siempre estamos desarmados y en falta, distraídos y en fuga.

Sólo así puede explicarse la falta de amor de los venecianos por su ciudad. No saben ni pueden amarla, porque amar a una difunta es difícil. Es más simple fingir que está viva, cubrir sus miembros delicados y sin vida con máscaras y afeites para poder exhibirlos haciéndoles pagar a los turistas. En Venecia, los mercaderes no están en el templo, sino en las tumbas; ultrajan no sólo la vida sino, ante todo, un cadáver. O, más bien, aquello que ellos, sin atreverse a confesarlo, creen un cadáver. Y es, en cambio, un espectro, es decir –si sabe que lo es–, la cosa más volátil, sutil y alejada de un cadáver que pueda imaginarse.

La espectralidad es una forma de vida, una vida póstuma o complementaria, que comienza sólo cuando todo ha terminado y que, por lo tanto, tiene respecto a la vida la gracia y la astucia incomparables de lo que está cumplido, el garbo y la precisión de quien ya nada tiene frente a sí. Son criaturas de este tipo (en sus historias de fantasmas, él las comparaba con sílfides y elfos) las que Henry James aprendió a conocer en Venecia, tan discretas y elusivas que son siempre los vivos quienes invaden sus moradas y fuerzan su reticencia.

También existe, sin embargo, una espectralidad de otro tipo, que podemos llamar larval o larvada, que nace de no aceptar la propia condición, de removerla para fingir a toda costa que se tiene un peso y una carne. Éstas son las larvas que no viven solas, sino que buscan obstinadamente a los hombres cuya mala conciencia las ha generado, para habitarlos como íncubos o súcubos, para mover desde el interior sus miembros exánimes con hilos de mentira. Mientras que la primera especie de espectro es perfecta, puesto que ya nada tiene que agregar a aquello que ha hecho o dicho, las larvas deben inventarse un futuro para dar lugar, en verdad, a un tormento sobre su propio pasado, a su propia incapacidad de saberse realizadas.

Ingeborg Bachmann comparó alguna vez la lengua con una ciudad, con su centro antiguo y luego las partes más recientes y las periferias y, al final, las circunvalaciones y los surtidores de combustible, que también forman parte de la ciudad. Ciudad y lengua contienen la misma utopía y la misma ruina, hemos soñado y nos hemos perdido en nuestra propia ciudad como en nuestra lengua, más aún, sólo ellas son la forma de ese sueño y de ese extravío. Si comparamos Venecia con una lengua, entonces vivir en Venecia es como estudiar latín, probar a silabear una lengua muerta, aprender a perderse y reencontrarse en los callejones de las declinaciones y en las repentinas aperturas de los supinos y de los infinitivos futuros. Siempre y cuando se recuerde que de una lengua jamás debería decirse que está muerta, puesto que, por el contrario, de algún modo habla y es leída; lo único imposible, o casi imposible, es asumir en ella la posición de un sujeto, de quien dice «yo». La lengua muerta es, en verdad, como Venecia, una lengua espectral, en la que no podemos hablar, pero que a su modo vibra y señala y susurra y que, si bien con dificultad y ayudándonos con el diccionario, podemos entender y descifrar. ¿A quién le habla una lengua muerta? ¿A quién se dirige el espectro de la lengua? Con certeza no a nosotros; pero tampoco a los destinatarios de su tiempo, de los que ya no tiene recuerdo alguno. Y, sin embargo, precisamente por eso, es como si ahora fuera ella sola la que por primera vez habla, esa lengua de la cual el filósofo, sin darse cuenta de que así le asigna una consistencia espectral, dice que *ella* habla, no nosotros.

Venecia es, entonces, en verdad –aunque en un sentido por completo diferente al evocado por Tafuri al final de su discurso inaugural–, el emblema de la modernidad. Nuestro tiempo no es nuevo, sino *novísimo,* es decir, último y larval. Se ha concebido como poshistórico y posmoderno, sin sospechar que así se entrega necesariamente a una vida póstuma y espectral, sin imaginar que la vida del espectro es la condición más litúrgica e impenetrable, que impone la observancia de códigos intransigentes y de letanías feroces, con sus vísperas y sus dilúculos, sus completas y sus oficios.

De ahí la falta de rigor y decencia de las larvas entre las que vivimos. Todos los pueblos y todas las lenguas, todos los órdenes y todas las instituciones, los parlamentos y los soberanos, las iglesias y las sinagogas, los armiños y las togas se deslizan uno tras otro, inexorablemente, a la condición de larvas pero, por así decirlo, sin preparación ni conciencia. Así los escritores escriben mal porque deben fingir que la suya es una lengua viva; los parlamentos legislan en vano, porque deben hacer creer en una vida política a su nación larval; las religiones carecen de piedad, porque ya no saben bendecir y habitar las tumbas. Por eso vemos desfilar erguidos esqueletos y maniquíes, y momias que pretenden dirigir alegremente su exhumación, sin percatarse de que sus miembros descompuestos las abandonan a pedazos y a jirones, que sus palabras han devenido glosolalias ininteligibles.

De todo esto, el espectro de Venecia no sabe nada. Éste ya no podría aparecérsele a los venecianos ni tampoco, por cierto, a los turistas. Tal vez a los mendigos que administradores desvergonzados quieren expulsar, tal vez a las ratas que atraviesan las *calli* a gran velocidad y con el hocico bajo, tal vez a esos raros que, cual exiliados, tratan de elaborar sobre ella su esquiva lección. Puesto que aquello que el espectro argumenta con su voz blanca es que, si todas las ciudades y las lenguas de Europa ya sobreviven como fantasmas, sólo a quien haya sabido hacerse íntimo y familiar de éstos, deletrear y memorizar sus palabras despojadas y sus piedras, podrá abrirse quizá ese paso en el que la historia –la vida– cumple bruscamente sus promesas.

SOBRE LO QUE PODEMOS NO HACER

Deleuze en una ocasión definió la operación del poder como un separar a los hombres de aquello que pueden, es decir, de su potencia. Las fuerzas activas están impedidas en su ejercicio, o porque son privadas de las condiciones materiales que lo hacen posible, o porque una prohibición hace este ejercicio formalmente imposible. En ambos casos, el poder –y es ésta su figura más opresiva y brutal– separa a los hombres de su potencia y, de ese modo, los vuelve impotentes. Existe, sin embargo, otra y más engañosa operación del poder, que no actúa de forma inmediata sobre aquello que los hombres pueden hacer –sobre su potencia–, sino más bien sobre su impotencia, es decir, sobre lo que no pueden hacer, o mejor aún, pueden no hacer.

Que la potencia también es siempre constitutivamente impotencia, que todo poder hacer es ya siempre un poder no hacer, es la adquisición decisiva de la teoría de la potencia que Aristóteles desarrolla en el libro IX de *Metafísica*. «La impotencia [*adynamía*] –escribe– es una privación contraria a la potencia [*dýnamis*]. Toda potencia es impotencia de lo mismo y respecto a lo mismo [de lo que es potencia]» *(Met.* 1046a, 29-31). «Impotencia» no significa aquí sólo ausencia de potencia, no poder hacer, sino también y sobre todo «poder no hacer», poder no ejercer la propia potencia. Y es precisamente esa ambivalencia específica de toda potencia, que siempre es potencia de ser y de no ser, de hacer y de no hacer, la que define ante todo la potencia humana. Es decir, el hombre es el viviente que, existiendo en el modo de la potencia, puede tanto una cosa como su contrario, ya sea hacer como no hacer. Esto lo expone, más que a cualquier otro viviente, al riesgo del error, pero a la vez le permite acumular y dominar libremente sus propias capacidades, transformarlas en «facultades». Puesto que no sólo la medida de lo que alguien puede hacer, sino también y antes que nada la capacidad de mantenerse en relación con su propia posibilidad de no hacerlo, define el rango de su acción. Mientras que el fuego sólo puede arder y los otros vivientes pueden sólo su propia potencia específica, pueden sólo este o aquel comportamiento inscripto en su vocación biológica, el hombre es el animal que puede su propia impotencia.

Es sobre esta otra y más oscura cara de la potencia que hoy prefiere actuar el poder que se define irónicamente como «democrático». Éste separa a los hombres no sólo y no tanto de lo que pueden hacer sino sobre todo y mayormente de lo que pueden no hacer. Separado de su impotencia, privado de la experiencia de lo que puede no hacer, el hombre de hoy se cree capaz de todo y repite su jovial «no hay problema» y su irresponsable «puede hacerse», precisamente cuando, por el contrario, debería darse cuenta de que está entregado de manera inaudita a fuerzas y procesos sobre los que ha perdido todo control. Se ha vuelto ciego respecto no de sus capacidades sino de sus incapacidades, no de lo que puede hacer sino de lo que no puede o puede no hacer.

De aquí la confusión definitiva, en nuestro tiempo, de los oficios y las vocaciones, de las identidades profesionales y los roles sociales, todos ellos personificados por un figurante cuya arrogancia es inversamente proporcional a la provisionalidad e incertidumbre de su actuación. La idea de que cada uno pueda hacer o ser indistintamente cualquier cosa, la sospecha de que no sólo el médico que me examina podría ser mañana un videoartista, sino que incluso el verdugo que me mata ya sea en realidad, como en *El proceso* de Kafka, un cantante, no son sino el reflejo de la conciencia de que todos simplemente están plegándose a esa flexibilidad que hoy es la primera cualidad que el mercado exige de cada uno.

Nada nos hace tan pobres y tan poco libres como este extrañamiento de la impotencia. Aquel que es separado de lo que puede hacer aún puede, sin embargo, resistir, aún puede no hacer. Aquel que es separado de la propia impotencia pierde, por el contrario, sobre todo, la capacidad de resistir. Y así como es sólo la ardiente conciencia de lo que no podemos ser la que garantiza la verdad de lo que somos, así también es sólo la lúcida visión de lo que no podemos o podemos no hacer la que le da consistencia a nuestro actuar.

IDENTIDAD SIN PERSONA

El deseo de ser reconocido por los otros es inseparable del ser humano. Es más, este reconocimiento le es tan esencial que, según Hegel, cada uno está dispuesto a poner en juego su propia vida para conseguirlo. No se trata, en efecto, sencillamente de satisfacción o de amor propio, más bien es sólo a través del reconocimiento de los otros que el hombre puede constituirse como persona.

Persona significa en el origen «máscara», y es a través de la máscara que el individuo adquiere un rol y una identidad social. Así, en Roma, cada individuo era identificado por un nombre que expresaba su pertenencia a una *gens,* a una estirpe, pero ésta estaba, a su vez, definida por la máscara de cera del antepasado que toda familia patricia custodiaba en el atrio de su propia casa. De aquí a hacer de la *persona* la «personalidad» que define el lugar del individuo en los dramas y en los ritos de la vida social, el paso es breve, y *persona* terminó por significar la capacidad jurídica y la dignidad política del hombre libre. En cuanto al esclavo, así como no tenía ni antepasados, ni máscara, ni nombre, tampoco podía tener una «persona», una capacidad jurídica *(servus non habet personam)*. La lucha por el reconocimiento es, entonces, la lucha por una máscara, pero esta máscara coincide con la «personalidad» que la sociedad le reconoce a todo individuo (o con el «personaje» que ésta hace de él, con su complicidad más o menos reticente).

No sorprende que el reconocimiento de la propia persona haya sido por milenios la posesión más celosa y significativa. Si los otros seres humanos son importantes y necesarios, es sobre todo porque pueden reconocerme. Incluso el poder, la gloria, las riquezas, a los que los «otros» parecen ser tan sensibles, tienen sentido, en último término, sólo en vista de este reconocimiento de la identidad personal. Se puede ciertamente, como se dice que le gustaba hacer al califa de Bagdad Harún al-Rashid, caminar de incógnito por las calles de la ciudad vestido de mendigo; pero si nunca hubiera un momento en que el nombre, la gloria, las riquezas y el poder fueran reconocidos como «míos», si, como algunos santos recomiendan hacer, yo viviera toda la vida en el no-reconocimiento, entonces también mi identidad personal estaría perdida para siempre.

En nuestra cultura, la «persona-máscara» no tiene, sin embargo, sólo un significado jurídico. Ésta también ha contribuido de modo decisivo a la formación de la persona moral. El lugar en el que se desarrolló este proceso fue ante todo el teatro. Y, a su vez, la filosofía estoica, que modeló su ética sobre la relación entre el actor y su máscara. Esta relación está definida por una doble intensidad: por un lado, el actor no puede pretender elegir o rechazar el rol que el autor le ha asignado; por otro lado, tampoco puede identificarse sin más con este rol. «Recuerda –escribe Epícteto– que tú eres como un actor en el rol que el dramaturgo ha querido asignarle; breve, si lo quiso breve, largo, si lo quiso largo. Si quiere que interpretes el rol de mendigo, interprétalo convenientemente. Y haz lo mismo para el rol de lisiado, de magistrado o de un simple particular. A ti no te corresponde elegir el rol, sino interpretar bien a la persona que te ha sido asignada, eso depende de ti» *(Manual,* XVII). Y, sin embargo, el actor (como el sabio que lo toma como paradigma) no debe identificarse completamente con su rol, confundirse con su personaje. «Pronto llegará el día –advierte todavía Epícteto– en que los actores creerán que su máscara y sus vestidos son ellos mismos» *(Disertaciones* I, XXIX, 41).

La persona moral se constituye, pues, a través de una adhesión y a su vez una distancia respecto a la máscara social: la acepta sin reservas y, al mismo tiempo, se diferencia casi imperceptiblemente de ella.

Este gesto ambivalente y, a su vez, la distancia ética que abre entre el hombre y su máscara quizá en ninguna parte aparecen con tanta evidencia como en las pinturas o mosaicos romanos que representan el diálogo silencioso del actor con su máscara. El actor se representa aquí de pie o sentado delante de su máscara, que sujeta en la mano izquierda o está apoyada sobre un pedestal. La actitud idealizada y la expresión absorta del actor, que tiene fija la mirada en los ojos ciegos de la máscara, testimonian el significado especial de su relación. Ésta alcanza su umbral crítico –y, a su vez, su punto de inversión– a comienzos de la Edad Moderna, en los retratos de los actores de la Comedia del Arte: Giovanni Gabrielli llamado *«il Sivello»,* Domenico Biancolelli llamado Arlequín, Tristano Martinelli, también él, Arlequín. Ahora el actor ya no mira su máscara, que incluso exhibe en la mano; y la distancia entre el hombre y la «persona», tan matizada en las representaciones clásicas, se acentúa por la vivacidad de la mirada que dirige de manera decidida e interrogativa al espectador.

En la segunda mitad del siglo XIX, las técnicas de policía conocen un desarrollo inesperado, que implica una transformación decisiva del concepto de identidad. Ahora la identidad ya no es algo que concierne esencialmente al reconocimiento y al prestigio social de la persona, sino que, en cambio, responde a la necesidad de asegurar otro tipo de reconocimiento, el del criminal reincidente, por parte del agente de policía. No es fácil para nosotros, acostumbrados desde siempre a sabernos registrados con precisión en archivos y ficheros, imaginar cuán ardua podía ser la verificación de la identidad personal en una sociedad que no conocía la fotografía ni los documentos de identidad. De hecho, en la segunda mitad del siglo XIX, es éste el problema central para aquellos que se concebían como los «defensores de la sociedad», frente a la aparición y a la creciente difusión de la figura que parece constituir la obsesión de la burguesía de la época: el «delincuente habitual». Tanto en Francia como en Inglaterra fueron votadas leyes que distinguían claramente entre el primer crimen, cuya pena era la prisión, y la reincidencia, que se castigaba en cambio con la deportación a las colonias. La necesidad de poder identificar con certeza a la persona arrestada por un delito se vuelve entonces una condición necesaria para el funcionamiento del sistema judicial.

Fue esta necesidad la que empujó a un oscuro funcionario de la prefectura de policía de París, Alphonse Bertillon, a poner a punto, hacia el final de los años setenta, el sistema de identificación de los delincuentes basado en la medición antropométrica y en la fotografía de filiación, que en pocos años se hizo célebre en el mundo entero como *bertillonage*.

Cualquiera que por alguna razón se encontraba en estado de detención o de arresto era sometido inmediatamente a una serie de mediciones del cráneo, de los brazos, de los dedos de las manos y los pies, de la oreja y de la cara. A continuación, el individuo sospechoso era fotografiado tanto de frente como de perfil, y ambas fotografías se pegaban en la «tarjeta Bertillon», que contenía todos los datos útiles para su identificación, según el sistema que su inventor había bautizado como *portrait parlé* [retrato hablado].

En los mismos años, un primo de Darwin, Francis Galton, desarrollando los trabajos del funcionario de la administración colonial inglesa Henry Faulds, empezó a trabajar en un sistema de clasificación de las huellas digitales que permitiría la identificación de los criminales reincidentes sin posibilidad de error. Curiosamente Galton era un partidario convencido del método antropométrico-fotográfico de Bertillon, cuya adopción en Inglaterra apoyaba; pero sostenía que el relevamiento de las huellas digitales era particularmente idóneo para los nativos de las colonias, cuyos rasgos físicos tienden a confundirse y a parecer iguales para un ojo europeo. Otro ámbito donde el procedimiento tuvo una aplicación precoz fue la prostitución, porque se creía que los procedimientos antropométricos implicaban una promiscuidad embarazosa con las criaturas de sexo femenino, cuyas largas cabelleras, por otro lado, volvían más difícil la medición. Es probable que hayan sido razones de este tipo, ligadas de algún modo a prejuicios raciales y sexuales, las que retardaron la aplicación del método de Galton más allá del ámbito colonial o, en el caso de los Estados Unidos, más allá de los ciudadanos afroamericanos o de origen oriental. Sin embargo, ya en los primeros veinte años del siglo xx el sistema se difunde en todos los Estados del mundo y, a partir de los años veinte, tiende a sustituir o a acompañar el *bertillonage*.

Por primera vez en la historia de la humanidad, la identidad ya no estaba en función de la «persona» social y de su reconocimiento, sino de datos biológicos que no podían tener con ella relación alguna. El hombre se quitó esa máscara que durante siglos había permitido que se lo pudiera reconocer, para confiar su identidad a algo que le pertenece de modo íntimo y exclusivo, pero con lo que no puede identificarse de manera alguna. Ya no son los «otros», mis semejantes, mis amigos o enemigos, los que garantizan mi reconocimiento, y tampoco mi capacidad ética de no coincidir con la máscara social que he asumido: lo que ahora define mi identidad y permite reconocerme son los arabescos insensatos que mi pulgar teñido de tinta ha dejado sobre una hoja en una comisaría de policía. Es decir, algo de lo que no sé absolutamente nada, con lo cual y por lo cual no puedo identificarme de ningún modo ni tomar distancia: la vida desnuda, un dato puramente biológico.

Las técnicas antropométricas habían sido pensadas para los delincuentes y fueron por mucho tiempo su privilegio exclusivo. En 1943, el Congreso de los Estados Unidos rechazaba todavía la Citizen Identification Act [Ley de Identificación Ciudadana], que aspiraba a instituir para todos los ciudadanos carnets de identidad con las huellas digitales. Pero, por la ley que pretende que lo que ha sido inventado para los criminales, los extranjeros y los judíos tarde o temprano sea aplicado inevitablemente a todos los seres humanos en cuanto tales, las técnicas que habían sido elaboradas para los reincidentes se extendieron en el curso del siglo XX a todos los ciudadanos. Así, la foto de filiación, a veces acompañada también por la huella digital, se volvió parte integrante del documento de identidad (una especie de «tarjeta Bertillon» condensada) que gradualmente se iba haciendo obligatorio en todos los Estados del mundo.

Pero el paso extremo se ha dado sólo en nuestros días y aún sigue en curso. Gracias al desarrollo de tecnologías biométricas que rápidamente pueden relevar las huellas digitales o la estructura de la retina o el iris a través de escáneres ópticos, los dispositivos biométricos tienden a salir de las jefaturas de policía y de las oficinas de inmigración para penetrar en la vida cotidiana. La entrada en los comedores estudiantiles, las escuelas secundarias y hasta las escuelas primarias (las industrias del sector biométrico, que actualmente conocen un desarrollo frenético, recomiendan acostumbrar a los ciudadanos desde pequeños a este tipo de control) en algunos países ya está regulada por un dispositivo biométrico óptico, sobre el que el estudiante posa distraídamente su mano. En Francia y en todos los países europeos se prepara el nuevo carnet de identidad biométrico (INES),[1] provisto de un microchip electrónico que contiene los elementos de identificación (huellas dactilares y fotografía digital) y una muestra de la firma para facilitar las transacciones comerciales. Y, en la incesante deriva gubernamental del poder político, en el que curiosamente convergen tanto el paradigma liberal como el intervencionista, las democracias occidentales se preparan para organizar el archivo de ADN de todos los ciudadanos, tanto con una finalidad de seguridad y de represión del crimen como de gestión de la salud pública.

1. INES: por sus siglas en francés *Carte d'Identité Nationale Électronique Sécurisée* (Carnet de Identidad Nacional Electrónico con Medidas de Seguridad). *(N. de las T.)*

Desde muchos lugares se ha llamado la atención sobre los peligros que comporta un control absoluto y sin límites por parte de un poder que disponga de los datos biométricos y genéticos de sus ciudadanos. En manos de un poder semejante, el exterminio de los judíos (y cualquier otro genocidio imaginable), que se llevó a cabo sobre bases documentales incomparablemente menos eficaces, habría sido total y rapidísimo.

Sin embargo, las consecuencias que los procesos de identificación biométrica y biológica tienen en la constitución del sujeto son aún más graves, porque pueden pasar inadvertidas. ¿Qué tipo de identidad puede construirse sobre datos meramente biológicos? Ciertamente, no una identidad personal, que estaba ligada al reconocimiento de los otros miembros del grupo social y, a su vez, a la capacidad del individuo de asumir la máscara social, aunque sin dejarse reducir a ella. Si ahora mi identidad está determinada en último término por hechos biológicos, que no dependen de ningún modo de mi voluntad y sobre los que no tengo el menor control, se vuelve problemática la construcción de algo así como una ética personal. ¿Qué tipo de relación puedo establecer con mis huellas digitales o con mi código genético? ¿Cómo puedo asumirlos y, a su vez, tomar distancia de ellos? La nueva identidad es una identidad sin persona, en la cual el espacio de la ética que estábamos acostumbrados a concebir pierde su sentido y debe repensarse de principio a fin. Y hasta que ello no ocurra, es lícito esperar el colapso generalizado de los principios éticos personales que han regido la ética occidental por siglos.

La reducción del hombre a la vida desnuda es hoy a tal punto un hecho consumado, que ésta ya se encuentra en la base de la identidad que el Estado les reconoce a sus ciudadanos. Así como el deportado a Auschwitz ya no tenía nombre ni nacionalidad y era sólo ese número que se le tatuaba en el brazo, del mismo modo el ciudadano contemporáneo, perdido en la masa anónima, equiparado a un criminal en potencia, se define sólo a partir de sus datos biométricos y, en última instancia, a través de una especie de antiguo destino aún más opaco e incomprensible: su ADN. Y sin embargo, si el hombre es aquel que sobrevive indefinidamente a lo humano, si siempre hay humanidad más allá de lo inhumano, entonces una ética debe ser posible incluso en el extremo umbral poshistórico en el que la humanidad occidental parece estar atascada, a la vez satisfecha y estupefacta. Como todo dispositivo, la identificación biométrica captura también, de hecho, un deseo más o menos inconfesado de felicidad. En este caso, se trata de la voluntad de liberarse del peso de la persona, de la responsabilidad tanto moral como jurídica que ella comporta. La persona (tanto en su aspecto trágico como cómico) es también la portadora de la culpa; y la ética que ella implica es necesariamente ascética, porque está fundada en una escisión (del individuo en relación a su máscara, de la persona ética en relación a la jurídica). Es contra esta escisión que la nueva identidad sin persona hace valer la ilusión, no de una unidad, sino de una multiplicación infinita de las máscaras. En el punto en que enclava al individuo en una identidad puramente biológica y asocial, le promete dejarlo asumir en internet todas las máscaras y todas las segundas y terceras vidas posibles, ninguna de las cuales podrá pertenecerle jamás en sentido propio. A ello se suma el placer, rápido y casi insolente, de ser reconocidos por una máquina, sin la carga de las implicaciones afectivas que son inseparables del reconocimiento operado por otro ser humano. Cuanto más ha perdido el ciudadano metropolitano la intimidad con los otros, cuanto más incapaz se ha vuelto de mirar a sus semejantes a los ojos, tanto más consoladora es la intimidad virtual con el dispositivo, que ha aprendido a escrutar su retina tan en profundidad. Cuanto más ha perdido toda identidad y toda pertenencia real, tanto más gratificante es ser reconocido por la Gran Máquina, en infinitas y minuciosas variantes: desde la barra giratoria en la entrada del metro hasta el cajero automático, desde la cámara que lo observa benévola mientras entra en el banco o camina por la calle, el dispositivo que abre la puerta de su garaje, hasta el futuro carnet de identidad obligatorio que lo reconocerá inexorablemente siempre y en todo lugar por lo que es. Yo estoy ahí si la Máquina me reconoce o, al menos, me ve; estoy vivo si la Máquina, que no conoce sueño ni vigilia, sino que está eternamente despierta, garantiza que vivo; y no soy olvidado, si la Gran Memoria ha registrado mis datos numéricos o digitales.

Que este placer y estas certezas son falsos e ilusorios es evidente, y los primeros en saberlo son justamente quienes hacen una experiencia cotidiana de ellos. ¿Qué significa, en efecto, ser reconocidos, si el objeto del reconocimiento no es una persona sino un dato numérico? Detrás del dispositivo que parece reconocerme, ¿no hay también otros hombres que, en realidad, no quieren reconocerme, sino sólo controlarme y acusarme? Y ¿cómo es posible comunicar no con una sonrisa o un gesto, no con gracia o reticencia, sino a través de una identidad biológica?

Sin embargo, según la ley que quiere que en la historia no se den retornos a condiciones perdidas, debemos prepararnos sin penas ni esperanzas para buscar, más allá tanto de la identidad personal como de la identidad sin persona, esa nueva figura de lo humano –o, quizá, simplemente del viviente–, ese rostro más allá tanto de la máscara como de la *facies* biométrica que todavía no logramos ver, pero cuyo presentimiento a veces nos sobresalta de improviso en nuestras andanzas y en nuestros sueños, en nuestras inconsciencias y en nuestra lucidez.

DESNUDEZ

1. El 8 de abril de 2005 tuvo lugar en la Neue Natio-nalgalerie de Berlín una *performance* de Vanessa Beecroft. Cien mujeres desnudas (en verdad llevaban *collants* trans-parentes) estaban de pie inmóviles e indiferentes, expuestas a la mirada de los visitantes que, tras haber esperado en una larga fila, entraban en grupos al vasto salón de la planta baja del museo. La primera impresión de quien se acercaba a observar no sólo a las mujeres sino también a los visitantes –quienes a la vez tímidos y curiosos comenzaban a mirar de reojo aquellos cuerpos (que, después de todo, estaban ahí para ser mirados) y, tras haber dado una vuelta, como ha-ciendo un reconocimiento alrededor de las filas casi militar-mente hostiles de las desnudas, se alejaban con embarazo– era la de un no-lugar. *Algo que habría podido y, tal vez, debido suceder no había tenido lugar.*

Hombres vestidos que observan cuerpos desnudos: esta escena evoca irresistiblemente el ritual sadomasoquista del poder. Al inicio del filme *Saló* de Pasolini (que había repro-ducido de manera más o menos fiel el modelo de las *Cien-to veinte jornadas de Sodoma* de Sade), los cuatro jerarcas que están a punto de encerrarse en su *villa* proceden vestidos

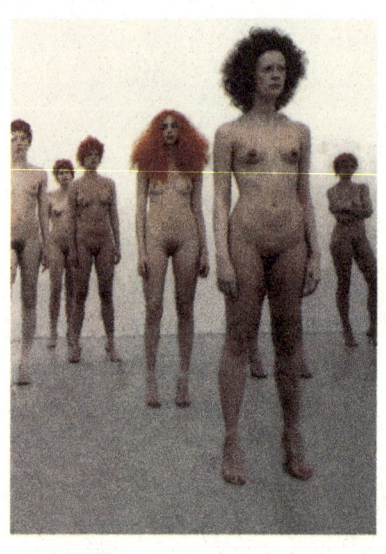

a la inspección de las víctimas, que son obligadas a entrar desnudas y son atentamente examinadas para evaluar sus virtudes y defectos. Vestidos se hallaban también, en la prisión de Abu Ghraib, los militares estadounidenses frente al montón de cuerpos desnudos de los prisioneros torturados. Nada parecido en la Neue Nationalgalerie: en cierto sentido, la relación aquí parecía invertida y no había nada más pérfido que la mirada aburrida e impertinente que sobre todo las chicas más jóvenes parecían lanzar todo el tiempo a los espectadores inermes. No: lo que habría debido suceder y no había sucedido no podía ser en ningún caso una *séance* sadomasoquista, preludio de una aún más improbable orgía.

Parecían todos en espera, como en una representación del Último Día. Pero, mirándolo bien, también aquí los roles se habían invertido: las jóvenes en *collants* eran los ángeles, implacables y severos, que la tradición iconográfica siempre representa cubiertos de largos vestidos, mientras que los visitantes –vacilantes y envueltos en abrigos como estaban en aquel final de invierno berlinés– personificaban a los resucitados en espera del juicio, que hasta la más santurrona tradición teológica autoriza a representar en toda su desnudez.

Las que no habían tenido lugar no eran, pues, la tortura y la *partouze:* era, más bien, la simple desnudez. Precisamente en aquel espacio amplio y bien iluminado, donde había expuestos cien cuerpos femeninos de diferentes edades, razas y complexiones, que la mirada podía examinar a su gusto y en detalle, precisamente ahí parecía no haber huella alguna de desnudez. El evento que no se había producido (o, admitiendo que tal fuera la intención de la artista, había tenido lugar en su no acontecer) ponía en cuestión de forma inequívoca la desnudez del cuerpo humano.

2. La desnudez, en nuestra cultura, es inseparable de una signatura teológica. Todos conocen el relato del Génesis, según el cual Adán y Eva, después del pecado, se percatan por primera vez de que están desnudos: «Entonces se abrieron los ojos de ambos y vieron que se hallaban desnudos» (Génesis 3, 7). Según los teólogos, esto no ocurre por una simple, precedente inconsciencia que el pecado borró. Antes de la caída, ellos, aun sin estar cubiertos por vestido humano alguno, no estaban desnudos: estaban cubiertos por un vestido de gracia que se adhería a ellos como un hábito glorioso (en la versión hebrea de esta exégesis que encontramos, por ejemplo, en el *Zohar*, se habla de un «vestido de luz»).

Es de este vestido sobrenatural del que los despoja el pecado, y ellos, desnudados, son obligados a cubrirse, primero haciendo con sus propias manos un taparrabos de

hojas de higuera («Entrelazaron hojas de higuera y con ellas se hicieron cinturones») y, más tarde, en el momento de la expulsión del Paraíso, portando vestidos de piel de animal que Dios había preparado para ellos. Esto significa que la desnudez se da para nuestros progenitores en el Paraíso terrestre sólo en dos instantes: la primera vez, en el intervalo, presumiblemente brevísimo, entre la percepción de la desnudez y la confección del taparrabos; y, por segunda vez, cuando se desnudan de las hojas de higuera para vestir las túnicas de piel. Y, también en estos fugaces instantes, la desnudez se da por así decirlo sólo negativamente, como privación del vestido de gracia y como presagio del resplandeciente vestido de gloria que los beatos recibirán en el Paraíso. Una desnudez plena se da, tal vez, sólo en el Infierno, en el cuerpo de los condenados, irremisiblemente ofrecido a los eternos tormentos de la justicia divina. No existe, en este sentido, en el cristianismo, una teología de la desnudez, sino sólo una teología del vestido.

3. Erik Peterson, uno de los pocos teólogos modernos que ha reflexionado sobre la desnudez, dio por eso este título a su escrito, «Theologie des Kleides» («Teología del vestido»). Los temas esenciales de la tradición teológica aquí se compendian en pocas, densísimas páginas. Ante todo, el de la conexión inmediata entre desnudez y pecado: «Se da desnudez sólo después del pecado. Antes del pecado había ausencia de vestidos [*Unbekleidetheit*], pero ésta aún no era desnudez [*Nacktheit*]. La desnudez presupone la ausencia de vestidos, pero no coincide con ella. La percepción de la desnudez está ligada a ese acto espiritual que la Sagrada Escritura define como "apertura de los ojos". La desnudez es algo de lo que nos percatamos, mientras que la ausencia de vestidos pasa inadvertida. La desnudez después del pecado podía, sin embargo, ser observada sólo si en el ser del hombre se había producido un cambio. Este cambio a través de la caída debe concernir a Adán y Eva en toda su naturaleza. Es decir, debe tratarse de un cambio metafísico, que tiene que ver con el modo de ser del hombre, y no simplemente de un cambio moral.»

Esta «transformación metafísica» consiste, sin embargo, simplemente en el desnudamiento, en la pérdida del vestido de gracia: «El drástico giro de la naturaleza humana a través del pecado conduce al "descubrimiento" del cuerpo, a la percepción de su desnudez. Antes de la caída, el hombre existía para Dios de tal modo que su cuerpo, aun en ausencia de todo vestido, no estaba "desnudo". Ese "no estar desnudo" del cuerpo humano incluso en la aparente ausencia de vestidos se explica por el hecho de que la gracia sobrenatural circundaba a la persona humana como un vestido. El hombre no sólo se encontraba en la luz de la gloria divina: estaba vestido de la gloria de Dios. A través del pecado, el hombre pierde la gloria de Dios, y en su naturaleza ahora se hace visible un cuerpo sin gloria: el desnudo de la pura corporeidad, el desnudamiento de la pura funcionalidad, un cuerpo al que le falta toda nobleza, puesto que la dignidad última del cuerpo estaba encerrada en la perdida gloria divina.»

Peterson busca articular con precisión esa conexión esencial entre caída, desnudez y pérdida del vestido que parece hacer consistir el pecado simplemente en un despojamiento y en una puesta al desnudo *(Entblössung):* «El "desnudamiento" del cuerpo de los primeros hombres debe de haber precedido a la conciencia de la desnudez de su cuerpo. Ese "descubrimiento" del cuerpo humano, que deja aparecer la "corporeidad desnuda", ese despiadado desnudamiento del cuerpo con todos los signos de su sexualidad, que se hace visible a los ojos ahora "abiertos" como consecuencia del pecado, puede comprenderse sólo presuponiendo que antes del pecado estaba "cubierto" lo que ahora ha sido "descubierto", que antes estaba velado y vestido lo que ahora es desvelado y desvestido.»

4. En este punto comienza a delinearse el sentido del dispositivo teológico que, poniendo en relación desnudez y vestido, sitúa en esta relación la posibilidad misma del pecado. El texto de Peterson en efecto parece, al menos a primera vista, implicar cierta contradicción. La «transfor-

mación metafísica» consiguiente al pecado es, en realidad, sólo la pérdida del vestido de gracia que recubría la «corporeidad desnuda» de los protoplastos. Ello significa, en buena lógica, que el pecado (o, al menos, su posibilidad) preexistía en aquella «corporeidad desnuda», en sí privada de gracia, que la pérdida del vestido hace aparecer ahora en su «pura funcionalidad» biológica, «con todos los signos de su sexualidad», como un «cuerpo al que le falta toda nobleza». Si ya antes del pecado había necesidad de cubrir el cuerpo humano con el velo de la gracia, esto quiere decir que a la beata e inocente desnudez paradisíaca le preexistía otra desnudez, esa «corporeidad desnuda» que el pecado, al quitar el vestido de gracia, deja aparecer despiadadamente.

El hecho es que el problema, en apariencia secundario, de la relación entre desnudez y vestido coincide con aquel, en todo sentido teológicamente fundamental, de la relación entre naturaleza y gracia. «Así como el vestido presupone el cuerpo que debe cubrir –escribe Peterson–, así la gracia presupone la naturaleza, que debe cumplir con la gloria. Es por ello que la gracia sobrenatural se le concede al hombre en el Paraíso como un vestido. *El hombre fue creado sin vestidos* –eso significa que tenía una naturaleza propia, diferente de la divina–, *pero fue creado en esa ausencia de vestidos para ser recubierto por el hábito sobrenatural de la gloria.*»

El problema de la desnudez es, pues, el problema de la naturaleza humana en su relación con la gracia.

5. En la colegiata de San Isidoro, en León, se conserva un relicario de plata del siglo XI, en cuyas caras están esculpidas en relieve escenas del Génesis. Uno de los recuadros muestra a Adán y Eva poco antes de la expulsión del Edén. Según la narración bíblica, apenas se percataron de su desnudez, cubrieron sus vergüenzas con una hoja de higuera,

que sostienen con la mano izquierda. Frente a ellos el creador, enfurecido y envuelto en una especie de toga, señala a los culpables con la mano derecha en un gesto inquisitorio (que la leyenda explicita: *«Dixit Dominus Adam ubi es»* [El Señor le dijo a Adán: «¿Dónde estás?»]), que éstos últimos retoman con la mano izquierda, para excusarse y señalar de manera infantil hacia Eva (Adán) y hacia la serpiente (Eva). La escena sucesiva, que nos interesa en modo particular, ilustra el versículo de Génesis 3, 21: *«Et fecit Dominus Deus Adae et mulieri eius tunicas pelliceas et induit eos»* [El Señor Dios hizo para el hombre y su mujer túnicas de pieles y los vistió]. El ignoto artista representó a Adán ya vestido, en pose de sentida tristeza; pero, con una invención deliciosa, representó a Eva con las piernas todavía desnudas en el acto de ponerse la túnica que el Señor parece hacerle vestir a la fuerza. La mujer, de la que apenas se entrevé el rostro por el cuello del vestido, resiste con todas sus energías a la violencia divina: esto se comprueba más allá de toda duda no sólo

por la torsión innatural de las piernas y por la mueca de los ojos entrecerrados, sino también por el gesto de la mano derecha que se prende desesperadamente al vestido divino.

¿Por qué Eva no quiere vestir la «pelliza»? ¿Por qué quiere permanecer desnuda (por lo que parece, se ha quitado la hoja de higuera o, en el arrebato de la confrontación, la ha perdido)? Ciertamente, según una antigua tradición, ya documentada en San Nilo, en Teodoreto de Ciro y en Jerónimo, las pieles, los *chítonai dermátinoi (tunicae pelliceae* en la vulgata, de donde procede el término moderno «pelliza», que hasta hoy ha conservado una connotación pecaminosa), son un símbolo de la muerte, por eso, después del bautismo, éstas son depuestas y sustituidas por un cándido vestido de lino («Cuando, dispuestos a revestirnos de Cristo, hayamos depuesto las túnicas de piel –escribe Jerónimo–, entonces nos pondremos el vestido de lino, que ya no tiene en sí nada de muerte, sino que es todo blanco, de modo que saliendo del bautismo podremos ceñir nuestra cintura en la verdad»). Otros autores, entre los cuales se encuentran Juan Crisóstomo y Agustín, insisten, en cambio, en el significado literal del episodio. Y es probable que ni el grabador del relicario ni quienes se lo encargaron hayan querido dar al gesto de Eva un significado particular. Sin embargo, éste adquiere su sentido propio sólo si se recuerda que ése es el último momento de sus vidas en el Paraíso terrenal en el que nuestros progenitores aún pueden estar desnudos, antes de ser revestidos con pieles y expulsados para siempre a la Tierra. Si esto es verdadero, entonces la delgada y argéntea figurilla que se resiste con desesperación a ser vestida es un extraordinario símbolo de la femineidad, que hace de la mujer la tenaz guardiana de la desnudez paradisíaca.

6. Que la gracia sea algo así como un vestido (Agustín la llama *indumentum gratiae, De civ. Dei* XIV, 17) significa que ésta, como todo vestido, ha sido agregada y que puede ser quitada; pero también significa que, precisamente por eso, su adición ha constituido en el origen la corporeidad humana como «desnuda», y su sustracción siempre vuelve a exhibirla como tal. Y puesto que la gracia, en las palabras del apóstol, «nos fue dada en Cristo antes de los siglos eternos», puesto que ésta, como Agustín no se cansa de repetir, «fue dada cuando aún no existían aquellos a los que sería dada» *(Doc. chr.* III, 34, 49), la naturaleza humana está constituida ya siempre como desnuda, es ya siempre «corporeidad desnuda».

Que la gracia es un vestido, y la naturaleza una especie de desnudez, lo ha subrayado con fuerza Peterson. Al citar el proverbio alemán según el cual «la ropa hace a la gente»

(Kleider machen Leute), precisa que «no sólo la gente, sino que el hombre mismo está hecho del hábito, y ello porque el hombre no es interpretable por sí mismo. La naturaleza humana, según su propio destino, está subordinada, en efecto, a la gracia, y se cumple sólo a través de ella. Por eso Adán está "vestido" de justicia sobrenatural, de inocencia y de inmortalidad, porque sólo ese vestido le confiere su dignidad y hace visible aquello a lo que Dios lo ha destinado a través del don de la gracia y de la gloria. El vestido paradisíaco no sólo hace comprensible esto, sino también que, precisamente como el vestido, justicia, inocencia e inmortalidad deben serle dadas para hacerlo completo. Y, por fin, también esta última verdad: es decir, así como el vestido vela el cuerpo, en Adán también la gracia sobrenatural recubre lo que, en la naturaleza abandonada de la gloria de Dios y entregada a sí misma, se presenta como posibilidad de la degeneración de la naturaleza humana en aquello que la Escritura llama "carne", el hacerse visible de la desnudez del hombre, su corrupción y putrefacción. Existe, pues, un significado profundo en el hecho de que la tradición católica llame "vestido" a la asignación de gracia que el hombre recibe en el Paraíso. El hombre puede ser interpretado sólo a partir de este vestido de gloria que, desde cierto punto de vista, le pertenece sólo exteriormente, como precisamente hace un vestido. En esta exterioridad del mero vestido, se expresa algo muy importante, es decir, que la gracia presupone la naturaleza creada, su "ausencia de vestidos" como su posibilidad de ser desnudada».

Que la naturaleza humana sea imperfecta, «ininterpretable», potencialmente corrupta y necesitada de gracia el relato del Génesis no lo dice de forma explícita en ningún lugar. Al afirmar la necesidad de la gracia –que como un vestido debe cubrir la desnudez del cuerpo–, la teología católica hace de ésta una suerte de ineluctable suplemento que, precisamente por eso, presupone a la naturaleza humana como su oscuro portador: la «corporeidad desnuda». Pero esta desnudez originaria desaparece de inmediato bajo el vestido de gracia, para reaparecer sólo, como *natura lapsa* [naturaleza caída], en el momento del pecado, es decir, del desnudamiento. Así como en el mitologema político del *homo sacer,* que supone como presupuesto impuro, sagrado y, por lo tanto, pasible de ser asesinado, una vida desnuda que ha sido producida sólo por éste, así la corporeidad desnuda de la naturaleza humana es sólo el opaco presupuesto de aquel originario y luminoso suplemento que es el vestido de gracia y que, oculto por ésta, vuelve a resurgir a la vista cuando la cesura del pecado divide una vez más la naturaleza y la gracia, la desnudez y el vestido.

Esto significa que el pecado no ha introducido el mal en el mundo, sino que simplemente lo ha revelado. Éste ha consistido de manera esencial, al menos en cuanto a sus efectos, en quitar un vestido. La desnudez, la «corporeidad desnuda», es el irreductible residuo gnóstico que insinúa en la creación una imperfección constitutiva, y que se trata, en todo caso, de cubrir. Y, sin embargo, la corrupción de la naturaleza, que ahora ha salido a la luz, no preexistía al pecado, sino que ha sido producida por él.

7. Si la desnudez, en nuestra cultura, está signada por una herencia teológica tan pesada, si ésta es sólo el oscuro, inaferrable presupuesto del vestido, entonces se entiende por qué ésta no podía sino faltar a la cita en la *performance* de Vanessa Beecroft. A ojos tan profunda aunque inconscientemente condicionados por la tradición teológica, lo que aparece cuando se quitan los vestidos (la gracia) no es más que una sombra de éstos, y liberar del todo a la desnudez

de los esquemas que nos permiten concebirla sólo de modo privativo e instantáneo es una tarea que requiere de una lucidez poco común.

Una de las consecuencias del nexo teológico que en nuestra cultura une estrechamente naturaleza y gracia, desnudez y vestido es, en efecto, que la desnudez no es un estado, sino un acontecimiento. Como oscuro presupuesto de la adición de un vestido o repentino resultado de su sustracción, don inesperado o pérdida imprevista, ésta pertenece al tiempo y a la historia, no al ser y a la forma. Es decir, en la experiencia que de ella podemos tener, la desnudez es siempre desnudamiento y puesta al desnudo, nunca forma y posesión estable. En todo caso, difícil de aferrar, imposible de retener.

No sorprende, pues, que tanto en la Neue Nationalgalerie, como en las otras *performances* anteriores, las mujeres nunca hubieran estado completamente desnudas, sino que siempre hubieran portado una huella de vestido (los zapatos en la *performance* en la Gagosian Gallery en Londres, los zapatos y una especie de gasa sobre el rostro en la Guggenheim Collection en Venecia, un *cache-sexe* negro en el Palazzo Ducale en Génova). El *striptease,* es decir, la imposibilidad de desnudez, es, en tal sentido, el paradigma de nuestra relación con ella. Acontecimiento que no alcanza nunca su forma cumplida, forma que no se deja asir integralmente en su acaecer, la desnudez es, al pie de la letra, infinita, jamás termina de acontecer. En cuanto su naturaleza es esencialmente defectiva, en cuanto no es sino el acontecimiento del faltar de la gracia, la desnudez nunca puede saciar la mirada a la que se ofrece y que continúa buscándola con avidez, incluso cuando la más pequeña porción de vestimenta ha sido removida, cuando todas las partes ocultas se han exhibido con desfachatez.

Y no es casual que, cuando a principios del siglo XX se difundieron en Alemania y luego en el resto de Europa movimientos que predicaban el nudismo como nuevo ideal social, reconciliado con la naturaleza del hombre, ello fue posible sólo oponiendo a la desnudez obscena de la pornografía y de la prostitución la desnudez como *Lichtkleid* («vestido de luz»), es decir, evocando inconscientemente la antigua concepción teológica de la desnudez inocente como vestido de gracia. Lo que mostraban los naturistas no era una desnudez sino un vestido, no era naturaleza sino gracia.

Una investigación que pretenda medirse en serio con el problema de la desnudez debería, por lo tanto, ante todo remontarse arqueológicamente más allá de la oposición teológica desnudez/vestido, naturaleza/gracia, pero no para alcanzar un estado original precedente a la escisión, sino para comprender y neutralizar el dispositivo que la produjo.

8. Un momento en todo sentido decisivo en la construcción del dispositivo teológico naturaleza (desnudez)/ gracia (vestido) es el *De civitate Dei* de Agustín. Agustín había elaborado sus fundamentos conceptuales en el curso de la polémica que lo opone a Pelagio en el *De natura et gratia*. Según Pelagio, una de las figuras más íntegras entre aquellas que la ortodoxia dogmática terminó por rechazar hacia los márgenes de la tradición cristiana, la gracia no es sino la naturaleza humana tal como Dios la creó, dotándola del libre albedrío *(nullam dicit Dei gratiam nisi naturam nostram cum libero arbitrio)*. Por ello, a la naturaleza humana le pertenece de manera inseparable *(inamissibile,* que no puede perderse, precisará Agustín para criticarlo) la posibilidad de no pecar, sin necesidad de una gracia ulterior. Pelagio no niega la gracia, sino que la identifica con la naturaleza edénica, para luego identificar esta última con la esfera de la posibilidad o potencia *(posse),* que precede a la voluntad *(velle)* y a la acción *(actio).* El pecado de Adán, que es un pecado de la voluntad, no significa, pues, necesariamente la pérdida de la gracia, transmitida luego como una maldición para toda la especie humana *(per universam massam,* escribe Agustín); por el contrario, si bien de hecho los hombres han pecado y siguen pecando, sigue siendo cierto que, al menos *de sola possibilitate,* cualquier hombre podría, sin embargo —así como habría podido Adán en el Paraíso—, no pecar.

Es contra esta identificación de naturaleza y gracia contra lo que Agustín se rebela con tenacidad en sus tratados antipelagianos, para afirmar su irreductible diferencia. En esta diferencia se halla en cuestión nada menos que el descubrimiento de la doctrina del pecado original, que será retomada oficialmente por la Iglesia sólo dos siglos después, en el Segundo Concilio de Orange. Baste por ahora con observar que es esta oposición entre ambos conceptos la que funda su interpretación de la condición edénica y de la caída de Adán en el *De civitate Dei*. Adán y Eva habían sido creados en un cuerpo animal y no espiritual; pero este cuerpo estaba revestido de la gracia como de un vestido y, por eso, así como no conocía la enfermedad y la muerte, tampoco conocía la *libido,* es decir, la excitación incontrolable de las partes íntimas *(obscenae). Libido* es el término técnico que, en Agustín, define la consecuencia del pecado. Sobre la base de un pasaje de Pablo *(«Caro enim concupiscit adversus Spiritum»,* Gálatas 5, 17), ésta es definida como rebelión de la carne y de su deseo contra el espíritu, como una escisión irremediable entre carne *(caro –sarx– es el término que en Pablo expresa la sujeción del hombre al pecado) y voluntad. «Antes del pecado, en efecto, como dice la Escritura, *"el hombre y su mujer estaban ambos desnudos y no sentían vergüenza de estarlo",* y no porque no vieran su propia desnudez, sino porque ésta aún no era indecente, puesto que la *libido* no turbaba sus miembros contra la voluntad [...]. Sus ojos estaban abiertos, pero no estaban abiertos para conocer qué les era concedido bajo el vestido de gracia, pues no conocían la rebelión de sus miembros contra la voluntad. Una vez perdida esa gracia, para castigar su desobediencia con una pena correspondiente, surgió en el impulso del cuerpo una nueva impudicia por la cual su desnudez se hizo indecente, volviéndolos conscientes y confundidos» *(De civ. Dei* XIV, 17).

Las partes del cuerpo que podían exponerse con libertad en la gloria *(glorianda)* se convierten así en algo que debe ocultarse *(pudenda).* De ahí la vergüenza, que obliga a Adán y Eva a cubrirse con cinturones de hojas de higuera, y que a partir de entonces es tan inseparable de la condición humana que, escribe Agustín, «incluso en las tenebrosas soledades de la India, aquellos que suelen filosofar desnudos, por lo que son llamados gimnosofistas, cubren sin embargo sus órganos genitales a diferencia de las demás partes del cuerpo» (ibíd.).

9. En este punto, Agustín expone su sorprendente concepción de la sexualidad edénica o, al menos, de lo que habría sido dicha sexualidad si los hombres no hubieran pecado. Si la *libido* poslapsaria se define por la imposibilidad de controlar los genitales, el estado de gracia que precedió al pecado consistirá entonces en el perfecto control de la voluntad sobre las partes sexuales. «En el Paraíso, si la desobediencia culpable no hubiera sido castigada con otra desobediencia, el matrimonio no habría conocido esa resistencia, esa oposición, esa lucha de la *libido* y de la voluntad; por el contrario, estos miembros, como los demás, habrían estado al servicio de la voluntad. Lo que se creó con ese fin habría fecundado el terreno de la generación, así como la mano fecunda la tierra [...] el hombre habría vertido el semen y la mujer lo habría acogido en sus genitales cuando y cuanto fuese necesario, gracias al dictado de la voluntad y no por excitación de la *libido*» *(De civ. Dei* XIV, 23-24).

Para hacer verosímil su hipótesis, Agustín no duda en recurrir a una ejemplificación casi grotesca del control de la voluntad sobre aquellas partes del cuerpo que parecen incontrolables: «Conocemos hombres que se diferencian de los demás por la sorprendente capacidad con que inducen a su cuerpo a hacer cosas que otros no logran en absoluto. Hay algunos que mueven las orejas, una o ambas a la vez; otros logran desplazar hacia adelante sobre la frente toda su tupida cabellera, volviéndola después atrás a su antojo; otros, tocándose apenas el estómago, ante una orden vomitan como desde un saco todo lo que habían devorado. Algunos imitan

tan perfectamente los trinos de las aves, el sonido de los animales y las voces de otros hombres que no es posible no ser engañados por ellos; otros, luego, emiten a su antojo desde el ano y sin ningún mal olor tantos y tan variados sonidos que casi parecen cantar con esa parte del cuerpo» (ibíd., 24). Es según este poco edificante modelo como debemos imaginar la sexualidad edénica en el vestido de la gracia. Ante una señal de la voluntad, los genitales se habrían movido como movemos una mano y el esposo habría fecundado a la esposa sin el ardiente estímulo de la *libido:* «Habría sido posible transmitir el semen del hombre a la mujer salvando su integridad física, como ahora la salida del flujo menstrual en una mujer virgen no compromete su integridad» (ibíd., 26).

La quimera («Actualmente –escribe Agustín– no existe nada que permita demostrar cómo es esto posible») de esta naturaleza perfectamente sometida por la gracia sirve para hacer aún más obscena la corporeidad del género humano después de la caída. La desnudez incontrolable de los órganos genitales es la cifra de la corrupción de la naturaleza después del pecado, que la humanidad se transmite a través de la generación.

10. Es bueno subrayar la paradójica concepción de la naturaleza humana que se halla en la base de estas afirmaciones. Ésta es solidaria con la doctrina del pecado original que Agustín (si bien el término técnico *peccatum originale* aún falta) opone a Pelagio y que, confirmada en el Concilio de Orange en el año 529, hallará su plena elaboración sólo en la Escolástica. Según esta doctrina, a causa del pecado de Adán (en el cual «ha pecado toda la humanidad», Romanos 5, 12), la naturaleza humana se corrompió y, sin el socorro de la gracia, devino absolutamente incapaz de hacer el bien.

Pero si se pregunta ahora cuál es la naturaleza que se corrompió, la respuesta no es fácil. En efecto, Adán fue creado en la gracia, y su naturaleza está, por lo tanto, desde el inicio, como su desnudez, revestida de los dones divinos. Después del pecado, el hombre, puesto que ha abandonado a Dios, ha sido abandonado a sí mismo y dejado por entero a merced de su naturaleza. Y sin embargo la pérdida de la gracia no deja aparecer simplemente a la naturaleza antes de la gracia –que nos es, por lo demás, desconocida–, sino sólo a una naturaleza corrompida *(in deterius commutata)* que resulta de la pérdida de la gracia. Es decir, con la sustracción de la gracia sale a la luz una naturaleza original que ya no es tal, porque sólo es original el pecado del cual ésta ha devenido expresión.

No es casualidad que, en su comentario a la *Suma teológica* de Tomás, Cayetano (Tomás de Vio), el sutil teólogo que la Iglesia católica opuso a Lutero en 1518, hubiera tenido que recurrir a una comparación con la desnudez para hacer comprensible esta paradoja. La diferencia que existe entre una supuesta naturaleza humana «pura» (es decir, no creada en la gracia) y una naturaleza originariamente gratificada, que luego ha perdido la gracia –escribe–, es la misma que se da entre una persona desnuda y una persona desnudada *(expoliata)*. Esta analogía es iluminadora no sólo para la naturaleza sino también para la desnudez y, a la vez, esclarece el sentido de la estrategia teológica que vincula con obstinación vestido y gracia, naturaleza y desnudez. Así como la desnudez de una persona simplemente desnuda es idéntica –y, sin embargo, diferente– respecto a la de la misma persona desnudada, así la naturaleza humana, que ha perdido aquello que no era naturaleza (la gracia), es diferente de lo que era antes de que le fuera agregada la gracia. La naturaleza ahora es definida por la no-naturaleza (la gracia) que ha perdido, así como la desnudez es definida por la no-desnudez (el vestido), de la cual ha sido desnudada. Naturaleza y gracia, desnudez y vestido, constituyen un singular agregado cuyos elementos son autónomos y separables y, sin embargo, al menos en lo que concierne a la naturaleza, no quedan inmutados después de su separación. Pero eso significa que desnudez y naturaleza son, como tales, imposibles: existe sólo la puesta al desnudo, existe sólo la naturaleza corrompida.

11. Que Adán y Eva antes del pecado no pudieran ver su desnudez porque ésta se hallaba recubierta de un vestido de gracia no está dicho en modo alguno en la Biblia. La única cosa segura es que al principio Adán y Eva estaban desnudos y no sentían vergüenza («El hombre y su mujer estaban ambos desnudos, y no sentían vergüenza»). Después de la caída, en cambio, sienten la necesidad de cubrirse con las hojas de higuera. Es decir, la transgresión de la orden divina implica el paso de una desnudez sin vergüenza a una desnudez que debe cubrirse.

La nostalgia por una desnudez sin vergüenza, la idea de que lo que se perdió con el pecado es la posibilidad de estar desnudos sin ruborizarse reafloran con fuerza en los Evangelios y en otros textos extracanónicos (que sin razón continúan definiéndose como «apócrifos», es decir, ocultos). Así, en el Evangelio de Tomás, se lee: «Los discípulos le preguntaron: "¿Cuándo te nos revelarás, cuándo te veremos?" Jesús dijo: "Cuando os desnudéis sin vergüenza, cuando os quitéis los vestidos y los pisoteéis bajo vuestros pies como niños, entonces veréis al hijo del dios viviente y no tendréis temor de él."»

En la tradición de la comunidad cristiana de los primeros dos siglos, la única ocasión en la que se admitía estar desnudo sin vergüenza era el rito bautismal, que no solía tener que ver con niños recién nacidos (el bautismo de los niños se hace obligatorio sólo cuando la doctrina del pecado original es aceptada en toda la Iglesia), sino sobre todo con adultos, y comportaba la inmersión del catecúmeno desnudo en el agua, en presencia de los miembros de la comunidad (es a esta desnudez ritual de los bautizados a la que se debe la relativa e igualmente inexplicable tolerancia de la desnudez balnearia en nuestra cultura). Las *Catequesis mistagógicas* de Cirilo de Jerusalén comentan el rito de esta manera: «Apenas entrados, de inmediato os quitáis los vestidos, para significar la deposición del viejo hombre y de sus pecados [...] ¡Oh, maravilla! Ellos están desnudos ante los ojos de todos y no sienten vergüenza, porque son la imagen del protoplasto Adán que, en el Paraíso, estaba desnudo y no se avergonzaba.»

Los vestidos, que el bautizado pisotea con sus pies, son «los vestidos de la vergüenza», herederos de las «túnicas de piel» que los progenitores visten en el momento de la expulsión del Paraíso, y son esos vestidos lo que se sustituyen después del bautismo por un cándido vestido de lino. Pero lo decisivo es que, en el rito bautismal, es precisamente la desnudez adánica sin vergüenza la que se evoca como símbolo y prenda de la redención. Y es de esa desnudez, en la representación del relicario de San Isidoro, de la que Eva siente nostalgia, al rechazar los vestidos que Dios la obliga a ponerse.

12. «Como niños»: que la desnudez infantil sea el paradigma de la desnudez sin vergüenza es un motivo bastante antiguo, no sólo en los textos gnósticos como el Evangelio de Tomás, sino también en documentos judaicos y cristianos. Aunque la doctrina de la propagación del pecado original a

través de la generación implicara la exclusión de la inocencia infantil (de aquí, por lo visto, la práctica del bautismo en los neonatos), el hecho de que los niños no sientan vergüenza de su desnudez se ha asociado a menudo, en la tradición cristiana, con la inocencia paradisíaca. «Cuando la Escritura dice: "Estaban ambos desnudos y no sentían vergüenza", eso significa –se lee en un texto sirio del siglo V– que no se percataban de su desnudez, como les ocurre a los niños.» Aunque signados por el pecado original, los niños, al no ver su desnudez, moran en una suerte de limbo, no conocen la vergüenza que sanciona, según Agustín, la aparición de la *libido*.

A esto se debe la costumbre, verificada –si bien no de modo exclusivo– por las fuentes incluso hasta el siglo XVI, de reservar a los *pueri* el canto durante las funciones religiosas, cual si la voz blanca llevara en sí, respecto a las *voces mutatae,* la signatura de la inocencia prelapsaria. *Candida,* blanca, es la vestimenta de lino que el bautizado recibe después de haber abandonado los vestidos símbolo del pecado y de la muerte; «toda blanca –escribe Jerónimo–, porque no tiene en sí huella de muerte, así que, surgiendo del bautismo, podemos ceñir nuestros lomos con el cíngulo de la verdad y cubrir toda la vergüenza de los pecados pasados». Pero *candida* es, ya en Quintiliano, un atributo de la voz (aunque no se refiere ciertamente a la voz de los niños). De aquí, en la historia de la música sacra, el intento de asegurar la persistencia de la voz infantil a través de la práctica de la castración de los *pueri cantores* antes de la pubertad. La voz blanca es la cifra de la nostalgia por la inocencia edénica perdida, es decir, por algo de lo que, como de la desnudez prelapsaria, no sabemos nada más.

13. La persistencia de las categorías teológicas donde menos esperaríamos encontrarlas tiene un ejemplo eviden-

te en Sartre. En el capítulo de *El ser y la nada* dedicado a las relaciones con el otro, Sartre se ocupa de la desnudez a propósito de la obscenidad y del sadismo, y lo hace en términos que recuerdan tan de cerca las categorías agustinianas que, si la herencia teológica que traspasa nuestro vocabulario de la corporeidad no fuera suficiente para explicarla, podríamos pensar que la proximidad es intencional.

Para Sartre el deseo es, antes que nada, una estrategia dirigida a hacer aparecer en el cuerpo del otro la «carne» *(chair).* Lo que impide esta «encarnación» (otro término teológico) del cuerpo no son tanto los vestidos materiales y el maquillaje que a menudo lo cubren, como el hecho de que el cuerpo del otro está siempre «en situación», es decir, está ya siempre en acto de cumplir este o aquel gesto, este o aquel movimiento dirigido a un fin. «El cuerpo del otro es siempre originariamente cuerpo en situación; la carne, por el contrario, aparece como *pura contingencia de la presencia.* A menudo ésta se encuentra enmascarada por el maquillaje, los vestidos, etc., pero sobre todo es enmascarada por sus *movimientos;* nada está menos "en carne" que una bailarina, aunque esté desnuda. El deseo es el intento de desnudar al cuerpo de sus movimientos como de sus vestidos para hacerlo existir como pura carne, es un intento de *encarnación* del cuerpo del otro.»

Sartre llama «gracia» a este ser ya siempre en situación del cuerpo del otro. «En la *gracia,* el cuerpo aparece como un psiquismo en situación. Antes que nada revela su trascendencia, como trascendencia trascendida; es en acto y se comprende perfectamente a partir de la situación y del fin que persigue. Cada movimiento suyo es captado en un proceso perceptivo que va del futuro al presente [...]. Y es esa imagen en movimiento de la necesidad y de la libertad [...] la que constituye propiamente la gracia [...]. En la gracia, el cuerpo es un instrumento que pone de manifiesto la libertad. El acto gracioso, en cuanto manifiesta el cuerpo como instrumento de precisión, le provee a cada instante su justificación de existir.»

En este punto, aparece también la metáfora teológica de la gracia como vestido que impide la percepción de la desnudez: «La facticidad es, pues, vestida y enmascarada por la gracia: la desnudez de la carne está integralmente presente, pero no puede ser *vista*. De modo que la coquetería suprema y el desafío último de la gracia son exhibir el cuerpo sin velos, sin otro vestido o velo que la gracia misma. El cuerpo más gracioso es el cuerpo desnudo al que sus actos circundan de un vestido invisible, ocultando por completo su carne, aunque ésta esté totalmente expuesta a los ojos de los espectadores.»

Es contra este vestido de gracia contra lo que se dirige la estrategia del sádico. La especial encarnación que éste busca realizar es «lo obsceno», pero lo obsceno no es más que la ausencia de gracia: «Lo obsceno es un modo del ser-para-el-otro que pertenece al género de lo no agraciado [*disgracieux*] [...]. Aparece cuando uno de los elementos de la gracia es obstaculizado en su realización [...], cuando el cuerpo adopta posturas que lo despojan por completo de sus actos y muestran al desnudo la inercia de la carne.» Por eso el sádico trata por todos los medios de hacer aparecer la carne, de hacer asumir al cuerpo del otro, por la fuerza, posturas impropias y posiciones tales que revelen su obscenidad, es decir, la pérdida irreparable de toda gracia.

14. Los análisis que tienen raíces teológicas sólidas, si bien inconscientes, con frecuencia son pertinentes. En muchos países, se ha difundido recientemente un género de publicaciones sadomasoquistas que primero muestran a la

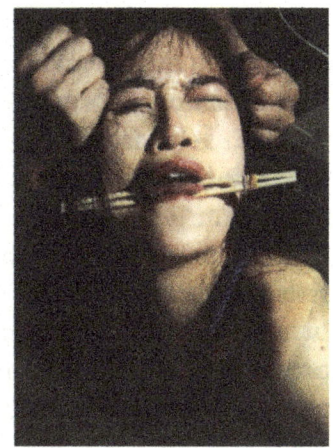

futura víctima vestida con elegancia en su contexto habitual, mientras sonríe, pasea con amigas u hojea absorta una revista. Al dar vuelta a la página, el lector puede ver bruscamente a la misma joven desnudada, atada y sometida a constricciones que le hacen asumir las posiciones más innaturales y penosas, quitándole toda gracia incluso a las facciones del rostro, deformadas y alteradas por instrumentos especiales. El dispositivo sádico, con sus lazos, sus *poires d'angoisse* [mordazas] y sus látigos, es aquí el perfecto equivalente profano del pecado que, según los teólogos, despoja al vestido de gracia y libera bruscamente en el cuerpo la ausencia de gracia que define la «corporeidad desnuda». Lo que el sádico quiere aferrar no es más que el molde vacío de la gracia, la sombra que el ser en situación (la joven vestida en la fotografía de la página anterior) o el vestido de luz arrojan sobre el cuerpo. Sin embargo, precisamente por eso, el deseo del sádico –como Sartre no deja de hacer notar– está destinado al fracaso, nunca logra en verdad estrechar entre sus manos la «encarnación» que ha intentado producir de manera artificiosa. Es cierto que el resultado parece haberse alcanzado, el cuerpo del otro se ha vuelto por entero carne obscena y jadeante, que conserva dócilmente la posición que el verdugo le ha dado y parece haber perdido toda libertad y gracia. Pero es esa libertad la que para él sigue siendo necesariamente inalcanzable: «Cuanto más se empecina el sádico en tratar al otro como un instrumento, tanto más se le escapa esa libertad.»

La desnudez, lo «no agraciado» que el sádico intenta aferrar, no es más que, como la corporeidad desnuda de Adán para los teólogos, la hipóstasis y el soporte evanescente de la libertad y de la gracia, lo que se debe presuponer a la gracia para que algo como el pecado pueda acontecer. La corporeidad desnuda, como la vida desnuda, es sólo el oscuro, impalpable portador de la culpa. En verdad, existe sólo la puesta al desnudo, sólo la gesticulación infinita que le quita al cuerpo el vestido y la gracia. En nuestra cultura, la desnudez termina entonces por parecerse al bellísimo desnudo femenino que Clemente Susini modeló en cera para el Museo di Storia Naturale del Granduca di Toscana, que es posible descubrir capa por capa, dejando aparecer primero las paredes torácicas y abdominales, luego la panoplia de los pulmones y las vísceras aún cubiertas por el mesenterio, luego el corazón y los pliegues intestinales y, finalmente, el útero, en el cual se entrevé un pequeño feto. Sin embargo, por más que se lo abra y se lo registre con la mirada, el cuerpo desnudo de la bella destripada sigue siendo obstinadamente inalcanzable.

De aquí la impureza y casi la *sacertas* que parecen serle inherentes. La desnudez, como la naturaleza, es impura, porque a ella se accede sólo quitando los vestidos (la gracia).

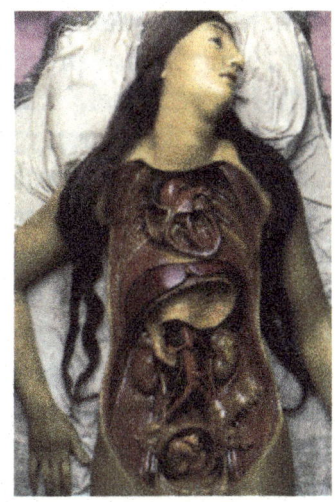

15. En noviembre de 1981, Helmut Newton publicó en *Vogue* una imagen en forma de díptico que más tarde se hizo famosa con el título *They are coming* [«Están llegando»]. En la página de la izquierda de la revista, se veían cuatro mujeres completamente desnudas (excepto por los zapatos, de los que el fotógrafo, según parece, no puede prescindir) que caminan frías y erguidas como modelos en un desfile de modas. La página enfrentada, a la derecha, mostraba a las mismas modelos en idéntica posición, pero esta vez perfecta y elegantemente vestidas. El singular efecto producido por el díptico es que ambas imágenes son, contra toda apariencia, iguales. Las modelos llevan su desnudez exactamente igual como, en la página de al lado, llevan sus vestidos. Aunque no sea verosímil atribuirle al fotógrafo una intención teológica, es cierto que el dispositivo desnudez/vestido parece evocarse aquí y, tal vez inconscientemente, ponerse en cuestión. Tanto más cuanto que, al volver a publicar dos años más tarde el mismo díptico en *Big Nudes*, Newton

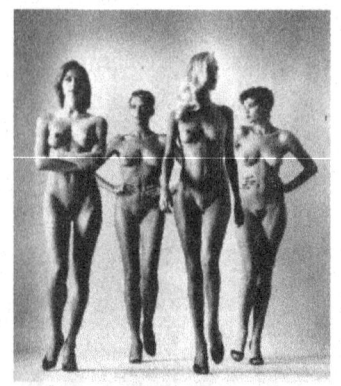

invirtió el orden de las imágenes, de modo que las mujeres vestidas esta vez precedían a las desnudas, del mismo modo que, en el Paraíso, el vestido de gracia precedía al desnudamiento. Sin embargo, también en este orden el efecto era el mismo: ni los ojos de las modelos ni los del espectador se han abierto, no hay ni vergüenza ni gloria, ni *pudenda* ni *glorianda*. Y la equivalencia entre las dos imágenes se acrecienta aún más por el rostro de las modelos, que, como corresponde a las *mannequins,* en ambas fotos expresa la misma indiferencia. El rostro, que en las representaciones pictóricas de la caída es el lugar donde el artista manifiesta el dolor, la vergüenza y la turbación de los caídos (piénsese, entre todas, en el fresco de Masaccio en la Capilla Brancacci en Florencia), adquiere aquí la misma gélida inexpresividad, no es más un rostro.

En todo caso, lo esencial es que también aquí, como en la *performance* de Vanessa Beecroft, la desnudez no ha tenido lugar. Es como si la corporeidad desnuda y la naturaleza caída, que funcionaban como presupuesto teológico del vestido, hubieran sido ambas eliminadas y, por lo tanto, el desnudamiento no hubiera tenido ya nada que desvelar.

Existe sólo el vestido de la moda, es decir, un indecidible de carne y de tela, de naturaleza y de gracia. La moda es la heredera profana de la teología del vestido, la secularización mercantil de la condición edénica prelapsaria.

16. En el relato del Génesis, el fruto que Eva le ofrece a Adán proviene del árbol del conocimiento del bien y del mal y, según las palabras tentadoras de la serpiente, está destinado a hacer «abrir los ojos» y a comunicar ese conocimiento («Cuando lo comáis, se abrirán vuestros ojos y seréis como Dios, conocedores del bien y del mal», Génesis 3, 5). Y, en efecto, inmediatamente después los ojos de Adán y Eva se abren, pero lo que entonces conocen está designado en la Biblia sólo como desnudez: «Entonces se abrieron sus ojos y supieron que estaban desnudos.» El único contenido del conocimiento del bien y del mal es, pues, la desnudez: pero ¿qué es la desnudez como primer objeto y contenido del conocimiento, qué se conoce cuando se conoce una desnudez?

Al comentar este versículo de la Biblia, Rashi escribe: «¿Qué significa "supieron que estaban desnudos"? Significa que ellos habían recibido de Dios un solo precepto y se habían despojado de él.» Y el *Génesis Rabbah* precisa que el hombre y la mujer se habían privado de la justicia y de la gloria que habría comportado la observancia del mandamiento. Según el dispositivo que ya debería sernos familiar, el conocimiento de la desnudez, una vez más, es reconducido a una privación, es sólo conocimiento de que algo invisible e insustancial (el vestido de gracia, la justicia de la observancia) se ha perdido.

Sin embargo, podríase hacer otra interpretación de esta ausencia de contenido del primer conocimiento humano. En efecto, que el primer conocimiento esté privado de contenido puede significar que éste no es conocimiento de algo, sino de una pura cognoscibilidad; que, conociendo la desnudez, no se conoce un objeto, sino sólo una ausencia de velos, sólo una posibilidad de conocer. La desnudez que los primeros hombres vieron en el Paraíso cuando sus ojos se abrieron es, entonces, apertura de la verdad, de la ilatencia[1] (*a-létheia,* «no-ocultamiento»), que es la única que hace posible el conocimiento. El no estar ya cubiertos por el vestido de gracia no revela la oscuridad de la carne y del pecado, sino la luz de la cognoscibilidad. Detrás del supuesto vestido de gracia no hay nada, y precisamente ese no haber nada detrás de sí, ese ser pura visibilidad y presencia, es la desnudez. Y ver un cuerpo desnudo significa percibir su pura cognoscibilidad más allá de todo secreto, más allá o más acá de sus predicados objetivos.

17. Una exégesis de este tipo no es del todo desconocida a la teología cristiana. En la tradición oriental, representada por Basilio el Grande y Juan Damasceno, el conocimiento de la desnudez *(epignósis tês gymnotétos)* significa la pérdida de la condición de éxtasis y de feliz ignorancia de sí que definían la condición edénica y el consiguiente emerger en el hombre de ese maldito afán por «colmar las carencias» *(toû leipontos anaplerósis).* Es decir, antes del pecado, el hombre vivía en una condición de ocio *(scholé)* y de plenitud; el abrirse los ojos significa, en verdad, el cerrarse los ojos del alma y el percibir el propio estado de plenitud y de beatitud como un estado de debilidad y de *atechnía,* de falta de saber. Lo que el pecado revela no es, pues, una carencia o un de-

---

1. Hemos decidido traducir el término italiano *illatenza* con el neologismo «ilatencia», para mantener la referencia al latín *latere* y al griego *léthe. (N. de las T.)*

fecto en la naturaleza humana que el vestido de gracia venía a cubrir: éste, por el contrario, consiste en percibir como carencia la plenitud que definía a la condición edénica.

Si el hombre hubiera permanecido en el Paraíso, escribe Basilio, no habría debido sus vestidos ni a la naturaleza (como los animales) ni a la técnica, sino sólo a la gracia divina, que respondía al amor que él le daba a Dios. Obligándolo a abandonar la beata contemplación edénica, el pecado precipita al hombre a la vana investigación de las técnicas y de las ciencias que lo distraen de la contemplación de Dios. La desnudez, en esta tradición, no se refiere, como en Agustín y en la tradición latina, a la corporeidad, sino a la pérdida de la contemplación –que es conocimiento de la pura cognoscibilidad de Dios– y a su sustitución por las técnicas y los saberes mundanos. En el Paraíso, en efecto, Adán goza de un estado de perfecta contemplación, que culmina en el éxtasis, cuando Dios lo hace caer adormecido para quitarle la costilla («A través del éxtasis –escribe Agustín–, él participa de la corte angélica y, penetrando en el santuario de Dios, comprende sus misterios», *Gen. ad lit.* IX, 19). La caída no es caída de la carne, sino de la mente; la inocencia perdida y la desnudez no conciernen a un cierto modo de hacer el amor, sino a la jerarquía y las modalidades del conocimiento.

18. La desnudez –o, más bien, el desnudamiento– como cifra del conocimiento forma parte del vocabulario de la filosofía y de la mística. Y no sólo en lo que concierne al objeto del conocimiento supremo, que es el «ser desnudo» *(esse autem Deus esse nudum sine velamine est* [ser Dios, sin embargo, es ser desnudo, sin vestido]), sino también en lo que concierne al proceso mismo del conocimiento. En la psicología medieval, el medio del conocimiento es la imagen

o «fantasma» o especie. El proceso que lleva al conocimiento perfecto se describe, por lo tanto, como una progresiva puesta al desnudo de ese «fantasma» que, pasando de la sensación a la imaginación y a la memoria, se despoja poco a poco de sus elementos sensibles para presentarse, por fin, una vez cumplida la *denudatio perfecta,* como «especie inteligible», imagen o intención pura. En el acto de la intelección, la imagen está perfectamente desnuda y –escribe Avicena– «si ya no estuviera desnuda, sin embargo se vuelve tal, porque la facultad contemplativa la desnuda de modo que ninguna afección material permanezca en ella». El conocimiento cumplido es contemplación en una desnudez de una desnudez.

En un sermón de Eckhart, esta conexión entre imagen y desnudez se desarrolla ulteriormente en un sentido que hace de la imagen, identificada con la «esencia desnuda», algo así como el medio puro y absoluto del conocimiento. «La imagen –explica– es una emanación simple y formal, que transmite la esencia desnuda en su totalidad, tal como la considera el metafísico [...] Ella es una vida [*vita quaedam*], que puedes concebir como una cosa que comienza a inflarse y a temblar [*intumescere et bullire*] en sí misma y por sí misma, sin por ello pensar a la vez en su expansión hacia afuera [*necdum cointellecta ebullitione*].» En la terminología de Eckhart, *bullitio* indica el temblor o la tensión interna del objeto en la mente de Dios o del hombre *(ens cognitivum),* mientras que *ebullitio* significa la condición del objeto real, fuera de la mente *(ens extra animam).* La imagen, en cuanto expresa el ser desnudo, es un medio perfecto entre el objeto en la mente y la cosa real y, como tal, no es un simple objeto lógico ni un ente real: es algo vivo («una vida»), es el temblar de la cosa en el medio de su cognoscibilidad, es el temblor en el cual se da a conocer. «Las formas que existen en la materia –escribe un alumno de Eckhart– tiemblan sin cesar [*continue tremant*], como en un estrecho de mar en ebullición [*tamquam in eurippo, hoc est in ebullitione*] [...]. Por eso no se puede concebir nada cierto ni estable de ellas.»

La desnudez del cuerpo humano es su imagen, es decir, el temblor que lo hace cognoscible pero que sigue siendo, en sí, inaferrable. De aquí la fascinación tan especial que las imágenes ejercen en la mente humana. Y justamente porque la imagen no es la cosa sino su cognoscibilidad (su desnudez), ella no expresa ni significa a la cosa; y, sin embargo, en la medida en que no es sino el donarse de la cosa al conocimiento, su despojarse de los vestidos que la recubren, la desnudez no es algo distinto de la cosa, es la cosa misma.

19. Un intento de pensar la desnudez en su complejidad teológica y, a la vez, de ir más allá de ella fue realizado por Benjamin. Hacia el final del ensayo sobre *Las afinidades electivas,* a propósito del personaje de Otilia (en el que él veía una figura de la mujer que amaba en aquel momento, Jula Cohn), Benjamin se interroga sobre la relación entre velo y velado, apariencia y esencia en la belleza. En la belleza, velo y velado, la envoltura y su objeto están unidos por una relación necesaria que él define como «secreto» *(Geheimnis).* Bello es entonces ese objeto al que le es esencial el velo. Que Benjamin fuera consciente del espesor teológico de esta tesis, que vincula irrevocablemente velo y velado, se sugiere por el hecho de que él la remite «a la antiquísima idea» según la cual, en el desvelamiento, lo velado se transforma, porque sigue siendo «igual a sí mismo» sólo bajo la envoltura. Por ello la belleza es, en su esencia, indesvelable: «Desvelado, el objeto bello resultaría infinitamente inaparente [...]. Así, frente a todo lo que es bello, la idea del desvelamiento de-

viene la de su indesvelabilidad [...]. Si sólo lo bello, y nada fuera de ello, puede existir esencialmente velando y permaneciendo velado, entonces en el secreto está el fundamento divino de la belleza. La apariencia, en ella, es precisamente esto: no la envoltura superflua de la cosa en sí, sino la envoltura necesaria de las cosas para nosotros. A veces este velo es divinamente necesario, así como se establece divinamente que, desvelado fuera de tiempo, desaparece en la nada ese Inaparente con el cual la revelación disuelve los secretos.»

Esta ley que, en la belleza, une de modo inseparable el velo y lo velado, inesperadamente desaparece justo en lo que respecta al ser humano y a su desnudez. A causa de la unidad que en ella forman el velo y lo velado, la belleza, escribe Benjamin, puede existir como esencia sólo donde no existe la dualidad de desnudez y vestido: en el arte y en los fenómenos de la naturaleza desnuda. «Por el contrario, cuanto más claro se expresa esta dualidad, para intensificarse al máximo en el ser humano, tanto más se vuelve evidente que, en la desnudez sin velos, lo esencialmente bello desaparece y, en el cuerpo desnudo del hombre, se alcanza un ser más allá de toda belleza: lo sublime, y una obra más allá de todo producto: la obra del creador.»

En el cuerpo humano –y, particularmente, en la novela, en Otilia, que es el paradigma de esta pura apariencia–, la belleza sólo puede ser aparente. Por ello, mientras que en las obras de arte y los fenómenos de la naturaleza vale el principio de la indesvelabilidad, en el cuerpo viviente se afirma, implacable, el principio opuesto, según el cual «nada mortal es indesvelable». Es decir, no sólo la posibilidad de ser desnudada condena a la belleza humana a la apariencia, sino que la desvelabilidad de algún modo constituye su cifra: en el cuerpo humano, la belleza es esencial e infinitamente «desvelable», puede ser siempre exhibida como mera apariencia. Existe, sin embargo, un límite, más allá del cual no se encuentra una esencia que no pueda ser ulteriormente desvelada, ni la *natura lapsa,* sino el mismo velo, la misma apariencia, que ya no es más apariencia de nada. Ese residuo indeleble de apariencia, en el que nada aparece, ese vestido que ningún cuerpo puede ya ponerse, es la desnudez humana. Ella es lo que queda cuando se le quita el velo a la belleza. Es sublime porque, como dice Kant, la imposibilidad de presentar sensiblemente la idea se invierte, en cierto punto, en una presentación de orden superior, en la que es presentada, por así decirlo, la presentación misma; de tal modo, en la desnudez sin velos, la apariencia viene ella misma a la apariencia y se muestra, de este modo, infinitamente inaparente, infinitamente carente de secreto. Es decir, sublime es la apariencia en cuanto exhibe su vacuidad y, en esa exhibición, deja acontecer lo inaparente.

Por esto, al final del ensayo, es a la apariencia a la que se le confía «la más extrema esperanza», y el principio según el cual es absurdo querer la apariencia del bien «sufre su única excepción». Si la belleza era, en su intimidad, secreto, es decir, relación necesaria de apariencia y de esencia, velo y velado, aquí la apariencia se libera de este vínculo y brilla por un instante por sí sola como «apariencia del bien». La luz con la que brilla es, por tal razón, opaca, y como tal sólo podemos encontrarla en ciertos textos gnósticos: ya no es la envoltura necesaria e indesvelable de la belleza; ahora, ella es la apariencia, *en la medida en que nada aparece a través de ella.* El lugar donde esta apariencia, esta sublime ausencia de secreto de la desnudez humana, se signa de manera eminente es el rostro.

20. Entre finales de la década del veinte y comienzos de la del treinta, Benjamin se vinculó a un grupo de amigas

muy atractivas, entre las cuales se encontraban Gert Wissing, Olga Parem y Eva Hermann, a las que veía unidas por una misma, especial relación con la apariencia. En los diarios que llevó en la Costa Azul entre mayo y junio de 1931, intenta describir esa relación, asociándola al tema de la apariencia, que había abordado años antes en el ensayo sobre la novela de Goethe. «La mujer de Speyer –escribe– me ha contado estas sorprendentes palabras de Eva Hermann, en los días de su más profunda depresión: "Si ya soy infeliz, no por eso debo andar por ahí con una cara llena de arrugas." Esta frase me hizo comprender muchas cosas y, antes que nada, que el contacto periférico que en los últimos tiempos he tenido con estas criaturas –Gert, Eva Hermann, etc.– es sólo un débil y tardío eco de una de las experiencias fundamentales de mi vida: la de la apariencia [*Schein*]. Lo he hablado ayer con Speyer, quien por su parte también reflexionó sobre estas personas e hizo la curiosa observación de que ellas no tienen sentido alguno del honor o, más bien, que su código de honor es decirlo todo. Esto es muy cierto y prueba cuán profunda es la obligación que ellas sienten con respecto a la apariencia. Puesto que ese "decir todo" en primer lugar tiende a anular lo que se dice o, más bien, una vez anulado, a hacer de ello un objeto: sólo en cuanto es aparente [*scheinhaft*], lo que se dice se vuelve asimilable para ellas.»

Esta actitud, común a muchas mujeres bellas, podría definirse como «nihilismo de la belleza»; consiste en reducir la propia belleza a pura apariencia y en exhibir esa apariencia, después, con una especie de tristeza desilusionada, desmintiendo con obstinación toda idea de que la belleza pueda significar algo diferente de sí misma. Pero es precisamente la ausencia de ilusiones sobre sí misma, la desnudez sin velos que la belleza consigue de ese modo, la que la provee de su más temible atractivo. Ese desencanto de la belleza, ese especial nihilismo, alcanza su estadio extremo en las *mannequins* y en las modelos, que antes que nada aprenden a anular toda expresión del rostro, de forma tal que éste se vuelve puro valor de exposición, y adquiere, por ello, un encanto particular.

21. En nuestra cultura, la relación cara/cuerpo está signada por una asimetría fundamental, que establece que la cara permanezca por lo general desnuda, mientras que el cuerpo normalmente se cubre. A esta asimetría corresponde una primacía de la cabeza, que se expresa de los modos más diversos pero que es más o menos constante en todos los ámbitos, desde la política (donde al titular del poder se le llama «cabeza») hasta la religión (la metáfora cefálica de

Cristo en Pablo); desde el arte (donde puede representarse la cabeza sin el cuerpo –es el retrato–, pero no –como es evidente en el «desnudo»– el cuerpo sin la cabeza) hasta la vida cotidiana, donde el rostro es por excelencia el lugar de la expresión. Esto parece confirmarse por el hecho de que mientras las otras especies animales presentan con frecuencia precisamente en el cuerpo los signos expresivos más vivaces (las pintas del pelaje del leopardo, los flamantes colores de las partes sexuales del mandril, pero también las alas de la mariposa y el plumaje del pavo real), el cuerpo humano está singularmente privado de rasgos expresivos.

Esta supremacía expresiva del rostro tiene su confirmación y, a la vez, su punto débil en el rubor incontrolable donde se hace patente la vergüenza por la desnudez. Tal vez por esa razón la reivindicación de la desnudez parece poner en cuestión sobre todo la primacía de la cara. Que la desnudez de un cuerpo bello puede eclipsar o hacer invisible el rostro se dice claramente en el *Cármides,* el diálogo que Platón consagra a la belleza. Cármides, el joven que da nombre al diálogo, tiene un bello rostro pero, dice uno de los interlocutores, su cuerpo es tan bello que «si él aceptara desnudarse, creeríais que no tiene rostro» *(Cármides* 154d), que él está, literalmente, «sin rostro» *(aprósopos).* La idea de que el cuerpo desnudo puede impugnar la primacía del rostro para ponerse él mismo como rostro está implícita en las respuestas de las mujeres en los procesos de brujería, que, interrogadas sobre por qué en el aquelarre besaban el ano de Satanás, se defendían afirmando que también ahí había un rostro. De modo similar, mientras que en los inicios de la fotografía erótica las modelos debían ostentar en el rostro una expresión romántica y soñadora, como si el objetivo las hubiera sorprendido, no visto, en la intimidad de su *boudoir,* con el transcurso del tiempo este procedimiento se invierte, y la única tarea del rostro se vuelve la de expresar una impúdica conciencia de la exposición del cuerpo desnudo a la mirada. La desfachatez (la pérdida del rostro) es ahora la contraparte necesaria de la desnudez sin velos. El rostro, devenido cómplice de la desnudez, mirando al objetivo o haciendo un guiño al espectador, da a entender una ausencia de secreto, expresa sólo un darse a ver, una pura exposición.

22. Una miniatura en un manuscrito de *Clavis physicae* de Honorio de Autun muestra a un personaje (quizá se trata del autor) que tiene en la mano una faja donde se lee: «*Involucrum rerum petit is sibi fieri clarum*», «éste trata de esclarecerse desde la envoltura de las cosas». Podría definirse la desnudez como la envoltura, en el punto en que se vuelve claro que no es posible esclarecerla. En este sentido debe entenderse la máxima goethiana según la cual la belleza «nunca puede esclarecerse a sí misma». Sólo porque ésta se mantiene hasta el final como «envoltura», sólo porque permanece en sentido literal «inexplicable», la apariencia, que alcanza en la desnudez su estadio supremo, puede considerarse bella. Que no se pueda esclarecer ni desde la desnudez ni desde la belleza no significa, sin embargo, que exista en ellas un secreto que no logra sacarse a la luz. Tal apariencia sería misteriosa, pero, precisamente por eso, no sería envoltura, porque siempre se podría continuar buscando el secreto que se oculta en ella. En la inexplicable envoltura, al contrario, no hay secreto alguno y, desnudada, ésta se muestra como pura apariencia. El bello rostro, que exhibe sonriendo su desnudez, sólo dice: «¿Querías ver mi secreto? ¿Querías esclarecer mi envoltura? Entonces, mira esto, si eres capaz, ¡mira esta absoluta, imperdonable ausencia de secreto!» El matema de la desnudez es, en este sentido, simplemente: *haecce!*, «no hay nada más que esto». Y, sin em-

bargo, es precisamente ese desencanto de la belleza en la desnudez, esa sublime y miserable exhibición de la apariencia más allá de todo misterio y de todo significado, el que desencadena de algún modo el dispositivo teológico, para dejar ver, más allá del prestigio de la gracia y de los halagos de la naturaleza corrompida, el simple e inaparente cuerpo humano. Es decir, la desactivación del dispositivo retroactúa tanto en la naturaleza como en la gracia, ya sea en la desnudez como en el vestido, liberándolas de su signatura teológica. Ese simple habitar de la apariencia en la ausencia de secreto es su especial temblor: la desnudez que, como una voz blanca, no significa nada y, precisamente por eso, nos traspasa.

EL CUERPO GLORIOSO

1. El problema del cuerpo glorioso, es decir, de la naturaleza y de las características –y más en general de la vida– del cuerpo de los resucitados en el Paraíso, es el capítulo supremo de la teología, clasificado como tal en la tratadística bajo la rúbrica *de fine ultimo*. Sin embargo, precisamente porque concernía a las cosas últimas, cuando la curia romana, para sellar su compromiso con la modernidad, decidió cerrar la casilla escatológica, este problema se dejó de lado de modo repentino o, más bien, se congeló como algo, si no obsoleto, al menos sin duda embarazoso. Mientras el dogma de la resurrección de la carne permanezca como parte esencial de la fe cristiana, esta inclinación no puede, sin embargo, no resultar contradictoria. En las páginas que siguen, retomar este tema teológico congelado nos permitirá plantear un problema otro tanto ineludible: el del estatuto ético y político de la vida corpórea (el cuerpo de los resucitados es numérica y materialmente el mismo que tenían durante su existencia terrena). Esto significa que nos serviremos del cuerpo glorioso como paradigma para pensar las figuras y los posibles usos del cuerpo humano como tal.

2. El primer problema al que deben enfrentarse los teólogos es el de la identidad del cuerpo de los resucitados. Dado que el alma deberá retomar el mismo cuerpo, ¿cómo definir su identidad e integridad? Una cuestión preliminar era la de la edad de los resucitados. ¿Tendrán que resucitar a la edad en que habían muerto, decrépitos si eran decrépitos, niños si eran niños, hombres maduros si eran hombres maduros? El hombre, responde Tomás, debe resucitar sin ningún defecto natural; pero la naturaleza puede ser defectuosa porque aún no ha alcanzado su perfección (como sucede en los niños), o porque la ha superado (como sucede en los ancianos). La resurrección reconducirá a cada uno a su perfección, que coincide con la juventud, es decir, con la edad del Cristo resucitado *(circa triginta annos)*. El Paraíso es un mundo de treintañeros, en equilibrio invariable entre el crecimiento y la decadencia. En cuanto al resto, conservarán sin embargo las diferencias que los distinguían y, en primer lugar (contra aquellos que afirmaban que los resucitados, dado que la condición femenina es imperfecta, deberían ser todos de sexo masculino), la diferencia sexual.

3. La cuestión de la identidad material entre el cuerpo del resucitado y el que le había tocado en la Tierra es más insidiosa. ¿Cómo pensar, de hecho, la identidad integral de cada ápice de materia entre los dos cuerpos? ¿Es posible que cada grano de polvo en que el cuerpo se había descompuesto retome el mismo lugar que ocupaba en el cuerpo vivo? En este punto es donde empiezan las dificultades.

Ciertamente, puede concederse que la mano amputada de un ladrón –más tarde arrepentido y liberado– se reúna con el cuerpo en el momento de la resurrección. Pero la costilla de Adán, que le fue sustraída para formar el cuerpo de Eva, ¿deberá resucitar en éste o en Adán? Y, en el caso de un antropófago, la carne humana que ha comido y asimilado en su cuerpo ¿resucitará en el cuerpo de la víctima o en el suyo?

Una de las hipótesis que más pone a prueba la sutileza de los Padres es la del hijo de un antropófago que sólo se ha alimentado de carne humana o, directamente, sólo de embriones. Según la ciencia medieval, el semen se genera *de superfluo alimenti,* del exceso de la digestión de los alimentos. Esto significa que una misma carne pertenecerá a diversos cuerpos (el del devorado y el del hijo) y deberá por tanto –lo que es imposible– resucitar en cuerpos diferentes. La solución de este último caso, según Tomás, da lugar a una repartición salomónica: «Los embriones como tales no formarán parte de la resurrección si primero no han sido vivificados por el alma racional. Pero, en este punto, un nuevo alimento se ha agregado a la sustancia del semen en el útero materno. Por lo tanto, aunque uno se alimentara de embriones humanos y engendrara del sobrante de este alimento, la sustancia del semen resucitaría en aquel que es engendrado por éste. A menos que este semen no contuviera elementos pertenecientes a la sustancia de los sémenes de aquellos a partir de cuyas carnes devoradas se produjo el semen, ya que tales elementos resucitarán en el primero y no en el segundo. Entonces, es evidente que los restos de las carnes ingeridas, que no se han transformado en semen, resucitarán en el primer individuo, mientras que la potencia divina intervendrá para suplir las partes faltantes.»

4. Al problema de la identidad de los resucitados, Orígenes le había dado una solución elegante y menos confusa. Lo que permanece constante en cada individuo, sugería, es la imagen *(eîdos)* que seguimos reconociendo, a pesar de los cambios inevitables, cada vez que lo vemos; y es esta misma imagen la que garantizará la identidad del cuerpo resucitado:

«Así como nuestro *eîdos* permanece idéntico desde la infancia hasta la vejez, a pesar de que nuestros rasgos materiales sufran un continuo cambio, del mismo modo, el *eîdos* que teníamos durante nuestra existencia terrena resurgirá y permanecerá idéntico en el mundo por venir, aunque mejorado y más glorioso.» La idea de esta resurrección «imaginaria», como muchos otros temas de Orígenes, era sospechosa de herejía. Sin embargo, la obsesión de una identidad material integral fue reemplazada progresivamente por la idea de que cada parte del cuerpo humano permanecería inmutable en cuanto a su aspecto *(species)*, pero estaría en un continuo flujo y reflujo *(fluere et refluere)* en cuanto a la materia que la compone. «Y es así que en las partes que componen a un hombre –escribe Tomás– ocurre lo que sucede en la población de una ciudad, donde los individuos singulares mueren y desaparecen, y otros vienen a reemplazarlos. Desde el punto de vista material, los miembros del pueblo se suceden, pero formalmente, éste sigue siendo el mismo [...]. De la misma manera, también en el cuerpo humano hay partes que, en su fluir, sustituyen a las otras en la misma figura y en el mismo lugar, de modo que todas las partes fluyen y refluyen según la materia, aunque desde el punto de vista numérico el hombre permanece idéntico.» El paradigma de la identidad paradisíaca no es la igualdad material –esa que hoy intentan fijar a través de los dispositivos biométricos las policías de todo el planeta–, sino la imagen, es decir, la semejanza del cuerpo consigo mismo.

5. Una vez garantizada la identidad del cuerpo glorioso con el cuerpo terrestre, será necesario establecer qué es lo que permite diferenciarlos. Los teólogos enumeran cuatro características de la gloria: impasibilidad, agilidad, sutileza y claridad.

Que el cuerpo de los beatos sea impasible no significa que no tenga la capacidad de percibir, capacidad que es parte imprescindible de la perfección de un cuerpo. Si no fuera así, la vida de los beatos se parecería a una especie de sueño, sería, pues, una vida reducida a la mitad *(vitae dimidium)*. Ello significa, más bien, que el cuerpo de los beatos no estará sujeto a esas pasiones desordenadas que, por el contrario, le arrancarían su perfección. En efecto, el cuerpo glorioso estará sometido en todas sus partes al dominio del alma racional, que a su vez estará perfectamente sometida a la voluntad divina.

Algunos teólogos, sin embargo, escandalizados ante la idea de que en el Paraíso pueda existir algo que oler, gustar o tocar, excluyen algunos sentidos del estado paradisíaco. Tomás y, con él, la mayoría de los Padres rechazan esta amputación. El olfato de los beatos no estará privado de objeto: «¿Acaso no dice la Iglesia en sus cantos que el cuerpo de los santos emana un perfume suavísimo?» El olor del cuerpo glorioso, en su estado sublime, estará más bien privado de toda humedad material, como ocurre en las exhalaciones de una destilación *(sicut odor fumalis evaporationis)*. Y la nariz de los beatos, sin que humedad alguna lo impida, percibirá sus mínimos matices *(minimas odorum differentias)*. También el gusto ejercerá su función, sin necesidad de comida, quizá porque «en la lengua de los elegidos habrá un humor delicioso». Y el tacto percibirá cualidades particulares de los cuerpos, que parecen anticipar esas propiedades inmateriales de las imágenes que los historiadores del arte moderno llamarán «valores táctiles».

6. ¿Cómo entender la naturaleza «sutil» del cuerpo glorioso? Según una opinión que Tomás define como herética, la sutileza, como una especie de extrema rarefacción,

volverá los cuerpos de los beatos parecidos al aire y al viento y, por lo tanto, penetrables por otros cuerpos. O tan impalpables que no podrán distinguirse de un soplo o un espíritu. Tal cuerpo podría entonces ocupar en el mismo instante el espacio ya ocupado por otro cuerpo, sea éste glorioso o no glorioso. Contra estos excesos, la opinión predominante defiende el carácter extenso y palpable del cuerpo perfecto. «El Señor resucitó con un cuerpo glorioso, y sin embargo era palpable, como dice el Evangelio: "Palpad y ved, porque un espíritu no tiene ni carne ni huesos". Por lo tanto, también los cuerpos gloriosos serán palpables.» Y sin embargo, dado que estos cuerpos están totalmente sujetos al espíritu, ellos podrán decidir no impresionar el tacto y, por virtud sobrenatural, hacerse impalpables a los cuerpos no gloriosos.

7. Ágil es aquello que se mueve a voluntad sin fatiga ni impedimento. En este sentido, el cuerpo glorioso, perfectamente sometido al alma glorificada, será dotado de agilidad, es decir, estará «listo para obedecer de inmediato al espíritu en todos sus movimientos y en todos sus actos». Una vez más, en contra de aquellos que pretenden que el cuerpo glorioso se desplace de un lugar a otro sin pasar por el espacio intermedio, los teólogos repiten que ello contradiría la naturaleza de la corporeidad. Pero en contra de aquellos que, al ver en el movimiento una especie de corrupción y casi una imperfección en relación al lugar, sostienen la inmovilidad de los cuerpos gloriosos, los teólogos hacen valer la agilidad como aquella gracia que conduce a los beatos de forma casi instantánea y sin esfuerzo a donde quieren. Como bailarines que se desplazan en el espacio sin un objetivo ni una necesidad, los beatos se mueven en los cielos sólo para exhibir su agilidad.

8. La claridad *(claritas)* puede entenderse de dos modos: como el brillar del oro, a causa de su densidad, o como el esplendor del cristal, en virtud de su transparencia. Según Gregorio Magno, el cuerpo de los beatos posee la claridad en ambos sentidos, es diáfano como el cristal e impenetrable por la luz como el oro. Y esa aureola de luz que emana del cuerpo glorioso puede ser percibida por un cuerpo no glorioso y puede variar en esplendor según la calidad del beato. La mayor o menor claridad de las aureolas es el único índice extremo de las diferencias individuales entre los cuerpos gloriosos.

9. En cuanto características y casi ornamentos del cuerpo glorioso, la impasibilidad, la agilidad, la sutileza y la claridad no presentan dificultades particulares. Se trata, en todo caso, de asegurar que los beatos tengan un cuerpo y que ese cuerpo sea el mismo que tenían en la Tierra, aunque incomparablemente mejor. Mucho más arduo y decisivo es el problema del modo en que este cuerpo ejerce sus funciones vitales, es decir, la articulación de una fisiología del cuerpo glorioso. El cuerpo, en efecto, resurge en su integridad y con todos los órganos que tenía en su existencia terrena. Los beatos tendrán entonces por los siglos de los siglos, según su sexo, un miembro viril y una vagina y, en todos los casos, un estómago e intestinos. Pero ¿con qué fin, si, como parece obvio, no deberán ni reproducirse ni alimentarse? Es cierto que en sus arterias y en sus venas circulará la sangre, pero ¿es posible que en su cabeza todavía tengan que crecer pelos y cabellos, y en la extremidad de sus dedos crecer inútil y fastidiosamente las uñas? Al afrontar estas delicadas cuestiones, los teólogos se encuentran con una aporía decisiva, que parece superar los límites de su estrategia conceptual,

pero que constituye el *locus* en el que es viable pensar otro uso posible del cuerpo.

10. Tomás se ocupa del problema de la resurrección de los cabellos y las uñas (que, según parece, a algunos teólogos debían parecerles poco adecuados a la condición paradisíaca) justo antes del problema, no menos dificultoso, de la resurrección de los humores (sangre, leche, bilis negra, sudor, esperma, mucosidad, orina...). Se llama animado al cuerpo «orgánico» porque el alma se sirve de sus partes como instrumentos. Entre éstos, algunos son necesarios para el ejercicio de una función (el corazón, el hígado, las manos), otros sirven más bien para la conservación de los primeros. De esta última especie son los cabellos y las uñas, que resurgirán en el cuerpo glorioso porque a su modo contribuyen a la perfección de la naturaleza humana. El cuerpo perfectamente depilado de las modelos y de las estrellas del cine porno es extraño a la gloria. Sin embargo, ya que sería difícil imaginar tiendas celestes de peluqueros y manicuras, debe pensarse (aunque los teólogos no se refieran a este tema) que, como la edad, también el largo de los cabellos y las uñas permanecerá inmutable por siglos.

En cuanto a los humores, la solución de Tomás muestra que ya entonces la Iglesia intentaba armonizar las exigencias de la teología con las de la ciencia. De entre los humores, en efecto, algunos –como la orina, la mucosidad, el sudor– son extraños a la perfección del individuo, en cuanto residuos que la naturaleza expulsa *in via corruptionis* [en el camino de la corrupción]: por lo tanto, éstos no resucitarán. Otros sólo sirven para la conservación de la especie en otro individuo, a través de la generación (el esperma) y la nutrición (la leche). Para éstos tampoco está prevista la resurrección. Los otros humores familiares a la medicina medieval –sobre todo los cuatro que definen los temperamentos del cuerpo: sangre, bilis negra o melancolía, bilis amarilla y flema, y luego *ros, cambium* y *gluten*– resucitarán en el cuerpo glorioso porque están ordenados a su perfección natural y son inseparables de ella.

11. A propósito de las dos funciones principales de la vida vegetativa –la reproducción sexual y la nutrición– es donde el problema de la fisiología del cuerpo glorioso alcanza su umbral crítico. Si, en efecto, los órganos de estas funciones –testículos, pene, vagina, útero, estómago, intestinos– estarán necesariamente presentes en la resurrección, ¿cómo debe entenderse su función? «La generación tiene por fin la multiplicación del género humano, y la nutrición, la restauración del individuo. Después de la resurrección, sin embargo, el género humano habrá alcanzado el número perfecto que había sido preestablecido por Dios y el cuerpo ya no padecerá ni disminución ni crecimiento. Generación y nutrición ya no tendrán, pues, razón de ser.»

Es imposible, sin embargo, que los órganos correspondientes sean completamente inútiles y vacuos *(supervacanei)*, ya que en la naturaleza perfecta nada es en vano. Es aquí donde el problema de otro uso del cuerpo encuentra su primera, balbuceante formulación. La estrategia de Tomás es clara: se trata de separar el órgano de su función fisiológica específica. El fin de los órganos, como el de todo instrumento, es su operación; pero esto no significa que, si la operación falta, el instrumento se vuelva vano *(frustra sit instrumentum)*. El órgano o el instrumento que ha sido separado de su operación y permanece, por así decirlo, en suspenso, adquiere, precisamente por ello, una función ostensiva, exhibe la virtud correspondiente a la operación suspendida. «El instrumento, en efecto, no sirve sólo para ejecutar la operación del agente, sino también para mostrar su virtud [*ad ostendendam virtutem ipsius*].» Así como en la publicidad o en la pornografía los simulacros de las mercancías o de los cuerpos exaltan sus atractivos en la medida misma en que no pueden ser usados, sino sólo exhibidos, las partes sexuales que quedan girando en el vacío muestran la potencia o la virtud de la generación. El cuerpo glorioso es un cuerpo ostensivo, cuyas funciones no son ejecutadas, sino mostradas; la gloria, en este sentido, es solidaria con la inoperosidad.

12. ¿Puede hablarse, para los órganos inutilizados e inutilizables del cuerpo glorioso, de un uso diferente del cuerpo? En *Ser y tiempo,* los instrumentos fuera de uso –por ejemplo, un martillo roto y por lo tanto inoperoso– salen de la esfera concreta del *Zuhandenheit,* del ser-a-la-mano, siempre listos para un posible uso, para entrar en la de la *Vorhandenheit,* de la mera disponibilidad sin objetivo. Ésta no significa, sin embargo, otro uso del instrumento, sino simplemente su estar presente fuera de todo posible uso, que el filósofo asimila a una concepción alienada y hoy dominante del ser. Como los instrumentos humanos esparcidos por el suelo a los pies del ángel melancólico del grabado de Durero, o como los juguetes abandonados por los niños después del juego, los objetos, separados de su uso, se vuelven enigmáticos y hasta inquietantes. En el mismo sentido, los órganos eternamente inoperosos en el cuerpo de los beatos, aunque exhiben la función generativa que pertenece a la naturaleza humana, no representan otro uso de esos órganos. El cuerpo ostensivo de los elegidos, en cuanto «orgánico» y real, está fuera de todo posible uso. Y quizá no hay nada más enigmático que un pene glorioso, nada más espectral que una vagina puramente doxológica.

13. Entre 1924 y 1926, el filósofo Sohn-Rethel vivió en Nápoles. Al observar la actitud de los pescadores que luchaban con sus barquitos a motor y la de los automovilistas que intentaban arrancar sus viejísimos autos, formuló una teoría de la técnica que definía graciosamente como «filosofía de lo roto» *(Philosophie des Kaputten)*. Según Sohn-Rethel, para un napolitano las cosas empiezan a funcionar sólo cuando son inutilizables. Esto quiere decir que el napolitano en realidad empieza a usar los objetos técnicos sólo desde el momento que dejan de funcionar; las cosas intactas, que funcionan bien por su cuenta, lo irritan y le inspiran odio. Y sin embargo, clavándoles un trozo de madera en el punto justo o dándoles un golpe en el momento oportuno, logra hacer funcionar los dispositivos según sus deseos. Este comportamiento, comenta el filósofo, contiene un paradigma tecnológico más alto que el de uso corriente: la verdadera técnica comienza sólo cuando el hombre es capaz de oponerse al automatismo ciego y hostil de las máquinas y aprende a desplazarlas hacia territorios y usos imprevistos; como aquel muchacho que en una calle de Capri había transformado un motorcito roto de motocicleta en un aparato para hacer crema batida.

De algún modo, aquí el motorcito continúa girando, pero con vistas a nuevos deseos y nuevas necesidades; la inoperosidad no se deja a sí misma, sino que deviene el pasaje o el «ábrete sésamo» de un nuevo uso posible.

14. En el cuerpo glorioso ha sido pensada por primera vez una separación del órgano de su función fisiológica. Sin embargo, la posibilidad de otro uso del cuerpo, que esta separación dejaba entrever, ha quedado inexplorada. En su lugar, lo reemplaza la gloria, concebida como el aislamiento

de la inoperosidad en una esfera especial. La exhibición del órgano separado de su ejercicio o la repetición en vano de la función no tienen otro objetivo que la glorificación de la obra de Dios; exactamente como las armas y las insignias del general victorioso exhibidas en el triunfo son los signos y a su vez la efectuación de su gloria. Los órganos sexuales y los intestinos de los beatos no son más que el jeroglífico o el arabesco que la gloria divina inscribe en su propio emblema. Y la liturgia terrena –como la celeste– no hace más que capturar y desplazar continuamente la inoperosidad a la esfera del culto *ad maiorem Dei gloriam* [para mayor gloria de Dios].

15. En su tratado *De fine ultimo humanae vitae,* un teólogo francés del siglo XX se planteó el problema de si es posible atribuirles a los beatos el pleno ejercicio de la vida vegetativa. Y lo hizo, por razones comprensibles, para la facultad nutritiva *(potestas vescendi)* en particular. La vida corpórea, argumenta, consiste esencialmente en las funciones de la vida vegetativa. Por lo tanto, la restitución perfecta de la vida corpórea que tiene lugar en la resurrección no puede no implicar el ejercicio de estas funciones. «Parece más bien razonable que la potencia vegetativa no sólo no sea abolida en los elegidos, sino que de algún modo maravilloso [*mirabiliter*] sea aumentada.» El paradigma de esta persistencia de la función nutritiva en el cuerpo glorioso está en la comida que Jesús resucitado comparte con los discípulos (Lucas 24, 42-43). Con su usual e inocente pedantería, los teólogos se preguntan si el pescado asado que Jesús comió fue también digerido y asimilado, y si los restos de la digestión fueron eventualmente evacuados. Una tradición que se remonta a Basilio y a la patrística oriental afirma que las comidas ingeridas por Jesús –tanto en vida como

después de la resurrección– eran asimiladas íntegramente, de modo que no era necesaria la eliminación de restos. Según otra opinión, tanto en el cuerpo glorioso de Cristo como en el de los beatos la comida se transforma inmediatamente, a través de una especie de evaporación milagrosa, en una naturaleza espiritual. Pero esto implica –y Agustín fue el primero en deducir esta consecuencia– que los cuerpos gloriosos –para empezar, el de Jesús–, aun sin necesidad de alimentarse, mantienen de algún modo su *potestas vescendi*. En una especie de acto gratuito o de esnobismo sublime, los beatos comerán y digerirán el alimento sin tener necesidad alguna de ello.

Contra la objeción de aquellos que observan que, puesto que la excreción *(deassimilatio)* es tan esencial como la asimilación, ello significa que en el cuerpo glorioso habrá un tránsito de materia de una forma a la otra –y, entonces, una forma de corrupción y de *turpitudo* [torpeza]–, el teólogo en cuestión afirma que en las operaciones de la naturaleza nada es abyecto en sí mismo. «Así como ninguna parte del cuerpo humano es en sí indigna de ser elevada a la vida de la gloria, ninguna operación orgánica debe ser considerada indigna de participar en ella [...]. Es una falsa imaginación creer que nuestra vida corpórea es más digna de Dios cuanto más diferente sea de nuestra condición presente. A través de sus altísimos dones, Dios no destruye las leyes naturales, sino que, por el contrario, las cumple y perfecciona con su inefable sabiduría.» Hay una defecación gloriosa, que sólo tiene lugar para exhibir la perfección de la función natural. Pero de su posible uso los teólogos no dicen ni una sola palabra.

16. La gloria no es más que la separación de la inoperosidad en una esfera especial: el culto o la liturgia. De este

modo, aquello que era sólo el umbral que permitía el acceso a un nuevo uso se transforma en una condición permanente. Por lo tanto, un nuevo uso del cuerpo sólo es posible si le arranca la función inoperosa a su separación, sólo si logra hacer coincidir en un único lugar y en un único gesto el ejercicio y la inoperosidad, el cuerpo económico y el cuerpo glorioso, la función y su suspensión. La función fisiológica, la inoperosidad y el nuevo uso insisten en el único campo de tensión del cuerpo y no se dejan separar de él. Porque la inoperosidad no es inerte, sino que, en el acto, hace aparecer la misma potencia que en él se ha manifestado. En la inoperosidad, no es la potencia la que es desactivada, sino sólo los objetivos y las modalidades en los que su ejercicio había sido inscripto y separado. Y es esta potencia la que ahora deviene el órgano de un posible nuevo uso, el órgano de un cuerpo cuya organicidad se ha vuelto inoperosa y suspendida.

Usar un cuerpo y servirse de él como instrumento para un fin no son, de hecho, la misma cosa. Pero tampoco se trata aquí de la simple e insípida ausencia de un fin, con la que muchas veces se confunden la ética y la belleza. Se trata, más bien, de volver inoperosa una actividad destinada a un fin, para disponerla a un nuevo uso, que no suprime el viejo, sino que insiste en él y lo exhibe. Tal como hacen el deseo amoroso y la así llamada perversión cada vez que usan los órganos de la función nutritiva y reproductiva para desviarlos –en el acto mismo de su ejercicio– de su significado fisiológico hacia una nueva y más humana operación. O el bailarín, cuando deshace y desorganiza la economía de los movimientos corporales para reencontrarlos en su coreografía intactos y, a la vez, transfigurados.

El cuerpo humano en su simple desnudez no es desplazado aquí hacia una realidad superior y más noble: más bien es como si, liberado del sortilegio que lo separaba de sí mismo, ahora accediera por primera vez a su verdad. De este modo –en cuanto se abre al beso–, la boca se vuelve realmente boca, las partes más íntimas y privadas se vuelven el lugar de un uso y un placer compartidos, los gestos habituales se vuelven la escritura ilegible cuyo significado oculto el bailarín descifra para todos. Porque –en cuanto tiene por órgano y objeto una potencia– el uso no puede ser nunca individual y privado, sino sólo común. Así como, en palabras de Benjamin, la satisfacción sexual, que ha vuelto el cuerpo inoperoso, separa el vínculo que une al hombre con la naturaleza, así, el cuerpo que contempla y exhibe en los gestos su potencia accede a una segunda y última naturaleza, que no es sino la verdad de la primera. El cuerpo glorioso no es otro cuerpo, más ágil y bello, más luminoso y espiritual: es el mismo cuerpo, en el acto en que la inoperosidad lo libera del encanto y lo abre a un posible nuevo uso común.

UN HAMBRE DE BUEY
Consideraciones sobre el sábado, la fiesta
y la inoperosidad

1. En el sábado judío es evidente que existe una relación especial entre la fiesta y la inoperosidad. La fiesta por excelencia de los judíos, que para ellos es el paradigma de la fe *(yesod ha-emuna)* y de algún modo el arquetipo de toda fiesta, tiene, en efecto, su paradigma teológico en el hecho de que no es la obra de la creación sino el cese de toda obra el que ha sido declarado sagrado: «En el séptimo día Dios finalizó el trabajo que había hecho y en el séptimo día descansó de todo su trabajo. Dios bendijo el séptimo día y lo consagró, porque en él había descansado de todo el trabajo» (Génesis 2, 2-3); «Recuerda el día sábado para santificarlo: seis días trabajarás y harás todo tu trabajo, pero el séptimo día es sábado en honor al Señor» (Éxodo 20, 11).

La condición de los judíos durante la fiesta del sábado se llama, por ello, *menujá* (en el griego de los *Setenta* y de Filón, *anápausis* o *katápausis),* es decir, inoperosidad. No se trata de algo que concierne sólo a los hombres, sino de una realidad alegre y perfecta que define la esencia misma de Dios («Sólo a Dios –escribe Filón– le es realmente propio el ser inoperoso [...], el sábado, que significa inoperosidad, es de Dios»). Y cuando, en los Salmos, Yahvé evoca el objeto de la espera escatológica, dice de los impíos que ellos «no entrarán en mi inoperosidad».

Por ello, la tradición rabínica, con su meticulosidad habitual, se ha preocupado por definir las obras que no está permitido cumplir durante el sábado. La *Mishná* enumera así treinta y nueve actividades *(melachot)* de las que los judíos deben abstenerse con sumo cuidado, desde segar y sembrar hasta cocer y amasar, desde tejer y separar los hilos hasta curtir las pieles, desde escribir hasta encender el fuego, desde llevar cosas hasta deshacer un nudo. De hecho, en la interpretación extensiva que da la tradición oral, los *melachot* coinciden con la esfera del trabajo y la actividad productiva en su totalidad.

2. Eso no significa que durante la fiesta del sábado los hombres tengan que abstenerse de toda actividad. Lo decisivo aquí es justamente el elemento de la finalidad productiva. Según la tradición hebrea, en efecto, un acto de pura destrucción, que no tenga ninguna implicación constructiva, no constituye *melajá*, no transgrede el descanso sabático (por ello, en los comportamientos festivos, también fuera del judaísmo, muchas veces encontramos un alegre, y a veces hasta violento, ejercicio de la destrucción y el derroche). Así, si está prohibido encender el fuego y cocinar, el espíritu de la *menujá* se expresa sin embargo de modo particular en la consumición de las comidas, a las que, como en toda fiesta, se les dedica una atención y un cuidado completamente especiales (el sábado comporta al menos tres comidas festivas). Más en general, es toda la esfera de las actividades y de los comportamientos lícitos, desde los gestos cotidianos más comunes hasta los cantos de celebración y alabanza, la que es investida de esa indefinible tonalidad emotiva que llamamos «festejo». En la tradición judeocris-

tiana, este modo particular de hacer y de vivir juntos se expresa en el mandamiento (cuyo significado hoy parece haberse extraviado completamente) de «santificar las fiestas». La inoperosidad que define a la fiesta no es simple inercia o abstención: se trata, más bien, de una santificación, es decir, de una modalidad particular del hacer y del vivir.

3. Que hoy –a pesar del énfasis un poco nostálgico que todavía la circunda– la fiesta no sea algo que podamos experimentar por completo en buena fe es una constatación hasta demasiado obvia. En este sentido, Kerényi comparaba la pérdida de la festividad con la condición de quien quisiera bailar sin escuchar música. Seguimos cumpliendo los mismos gestos que nuestros abuelos nos han enseñado, absteniéndonos más o menos completamente del trabajo, preparando con más o menos cuidado el pavo de Navidad o el cordero pascual, sonriendo, haciéndonos regalos y cantando, pero ya no escuchamos la música, ya no sabemos «santificar». Y sin embargo no podemos renunciar a la fiesta, seguimos buscando en toda ocasión, incluso fuera de las fiestas religiosas, aquel particular –y perdido– modo de hacer y de vivir que llamamos «hacer la fiesta». Nos obstinamos en bailar, cubriendo la pérdida de la música con el ruido de las discotecas y los altavoces, seguimos despilfarrando y destruyendo –también, y cada vez más a menudo, la vida– sin llegar nunca a alcanzar la *menujá*, esta simple, pero para nosotros impracticable, inoperosidad, la única que podría devolverle su sentido a la fiesta. Pero ¿por qué la inoperosidad nos es tan difícil e inaccesible? ¿Qué es el festejo, como atributo del vivir y del hacer de los hombres?

4. En sus *Cuestiones convivales*, Plutarco cuenta que ha asistido en Queronea a una fiesta llamada «expulsión de la

bulimia». «Hay una fiesta ancestral –escribe– que el arconte celebra sobre el altar público, y todos los ciudadanos, en su propia casa. Se llama "expulsión de la bulimia" [*boulimoû exélasis*]. Se echa de la casa a uno de los siervos a golpes de vara de agnocasto, gritando: "Fuera la bulimia, adentro riqueza y salud."» *Boúlimos,* en griego, significa «hambre de buey». Plutarco nos informa que en Esmirna existía una fiesta parecida, en la cual, para echar la *boúbrostis* (el «comer como un buey») se inmolaba un toro negro con toda la piel.

Para comprender lo que estaba en cuestión en estas fiestas, ante todo, es necesario liberarse del equívoco según el cual a través de ellas se trataba de atraer riqueza y abundancia de alimentos. Que de ningún modo se trata de esto está probado más allá de toda duda por el hecho de que lo que se echa de la casa no son el hambre y la carestía, sino, por el contrario, el «hambre de buey», el comer continuo e insaciable de las bestias (cuyo símbolo es aquí el buey, con su lento e incesante rumiar). Echar al esclavo «bulímico» significa, entonces, expulsar una cierta forma de comer (el devorar o el tragar como hacen las bestias, para saciar un hambre por definición insaciable) y abrir así el espacio a otra modalidad de alimentarse, aquella humana y festiva, que puede empezar precisamente sólo cuando el «hambre de buey» ha sido expulsada, cuando la bulimia se ha vuelto inoperosa y santificada. Es decir, comer no como *melajá,* actividad destinada a un fin, sino como inoperosidad y *menujá,* sábado del alimento.

5. En las lenguas modernas, el término griego para el hambre de buey se mantuvo en la terminología médica para designar un trastorno de la alimentación que se volvió común en las sociedades opulentas a partir de finales de los años setenta del siglo XX. La sintomatología de este trastorno (que

134

muchas veces se presenta en conexión con el trastorno opuesto y simétrico, la anorexia nerviosa) se caracteriza por episodios recurrentes de orgía alimenticia, por la sensación de pérdida de control sobre el comer durante el atracón y por el recurso a prácticas eméticas después del episodio bulímico. Se ha observado que los trastornos de la alimentación –que empiezan a manifestarse esporádicamente en la segunda mitad del siglo XIX y sólo en nuestra época adquieren los rasgos de una epidemia– tienen su precursor en la esfera religiosa, en los ayunos rituales (las «santas anoréxicas» de la Edad Media) y en su opuesto, en los banquetes ligados a las fiestas (el mismo término *eating binges* [atracones de comida], que en el DSM en uso entre los psiquiatras estadounidenses define los episodios bulímicos, se refiere en el origen a los excesos alimenticios durante las celebraciones festivas; y hay fiestas, como el Ramadán islámico, que parecen consistir en una simple y pura alternancia ritual de anorexia y bulimia, de ayuno y banquete).

Desde esta perspectiva, podríamos considerar que de algún modo la bulimia nerviosa está ligada a la fiesta homónima que Plutarco nos ha descrito. Así como el esclavo expulsado de la casa a golpes de vara de agnocasto personificaba en el propio cuerpo el hambre de buey que se buscaba erradicar de la ciudad, para dar lugar al comer festivo, así el bulímico, con su apetito insaciable, vive en su propia carne un hambre de buey que se ha vuelto imposible expulsar de la ciudad. Muchas veces obeso, inseguro, incapaz de controlarse y, por esta razón (a diferencia del anoréxico), objeto de una fuerte desaprobación social, el bulímico es el inútil chivo expiatorio de la imposibilidad en nuestro tiempo de un auténtico comportamiento festivo, el residuo inservible de una ceremonia purificadora cuyo significado se ha perdido en las sociedades contemporáneas.

6. Sin embargo, en el comportamiento del bulímico, hay un aspecto que parece testimoniar, al menos en parte, el recuerdo de una pretensión catártica. Se trata del vómito, al que recurre bien mecánicamente, metiéndose dos dedos en la garganta, bien ingiriendo sustancias eméticas y purgativas (justamente esta última práctica, como en el famoso caso de la cantante Karen Carpenter, muerta a causa del abuso de eméticos, puede poner en peligro la vida del paciente). Desde los primeros estudios sobre la bulimia, el recurso al vómito es considerado como parte integrante del diagnóstico (aunque un pequeño porcentaje de los bulímicos, cerca del seis por ciento, no recurra a esta práctica). No parece satisfactorio explicar estas obstinadas ganas de vomitar por la preocupación que tendrían los propios pacientes (sobre todo si se trata de los de sexo femenino) por no engordar. En realidad, al rechazar lo que ha ingerido un momento antes en el atracón, el bulímico parece revocar y volver inoperosa su hambre de buey, de algún modo, purificarse de ella. Por un instante –aunque solo y en la absoluta incomprensión de los otros seres humanos, a los que el vómito les parece aún más reprochable que el atracón–, el bulímico parece asumir de manera inconsciente sobre sí mismo aquella función catártica que el esclavo desempeñaba felizmente para los ciudadanos de Queronea (y es en referencia a esta alternancia regulada de exceso alimentario y vómito, pecado y expiación, que, en un libro con el significativo título de *Responsible Bulimia* [*Bulimia responsable*], el autor podía reivindicar el haber practicado la bulimia un buen número de años «con conciencia y éxito»).

7. La voracidad animal y el almuerzo humano, que los comportamientos rituales nos presentan necesariamente

como dos momentos distintos, en realidad no son separables. Si, en Esmirna, la expulsión de la *boúbrostis,* del comer como un buey, coincidía con el sacrificio del buey y con la comida ritual, en Queronea, el sacrificio (Plutarco lo llama *thysía),* en cuanto era seguido por un banquete público, también parece consistir esencialmente en la expulsión del *boúlimos,* es decir, en el volver inoperosa aquella hambre de buey que sin dudas tenía lugar en el mismo cuerpo humano. De modo similar, en el síndrome bulímico, es como si el paciente, al vomitar la comida inmediatamente después de haberla tragado y casi sin darse cuenta, vomitara en realidad mientras la devora, vomitara y volviera inoperosa la misma hambre animal.

Esta promiscuidad entre el animal y el humano, entre el hambre de buey y el alimento festivo, contiene una enseñanza preciosa sobre aquella relación entre inoperosidad y fiesta que nos hemos propuesto volver inteligible. La inoperosidad –tal es la hipótesis que queremos al menos sugerir– no es una consecuencia o una condición preliminar (la abstención del trabajo) de la fiesta, sino que coincide con el mismo festejo, en el sentido en que esta última consiste precisamente en neutralizar y volver inoperosos los gestos, las acciones y las obras humanas, y sólo de este modo hacerlos festivos (festejar significa, en este sentido, «hacer la fiesta», consumir, desactivar y, en última instancia, eliminar algo).

8. Que el sábado –y toda fiesta– no es simplemente, como en nuestros calendarios, un día de descanso que se agrega a los días laborables, sino que significa un tiempo y un hacer especiales, está implícito en la misma narración del Génesis, en la que el cumplimiento de la obra y el descanso coinciden en el mismo séptimo día («En el séptimo día fi-

nalizó el trabajo que había hecho y en el séptimo día descansó de todo su trabajo»). Para subrayar la continuidad inmediata –y, a su vez, la heterogeneidad– entre obra y trabajo, el autor del comentario conocido como *Génesis Rabbah* escribe: «El hombre, que no conoce los tiempos, los momentos y las horas, toma algo del tiempo profano y lo agrega al tiempo sagrado; pero el santo, bendito sea su nombre, que conoce los tiempos, los momentos y las horas, entró en el sábado sólo por un pelo.» Y en el mismo sentido debe leerse la afirmación de otro comentador según el cual «el precepto del sábado equivale a todos los preceptos de la Torá» y la observancia del sábado «hace venir al Mesías». Esto significa que el descanso sabático no es una simple abstención, sin relación con los preceptos y las acciones de los otros días, sino que corresponde, por el contrario, al cumplimiento perfecto de los mandamientos (la llegada del Mesías significa el cumplimiento definitivo, el devenir inoperosa de la Torá). Por ello la tradición rabínica ve en el sábado una parcela y una anticipación del Reino mesiánico. El Talmud expresa este parentesco esencial entre el sábado y el *olam habba,* «el tiempo por venir», con su crudeza habitual: «Tres cosas anticipan el tiempo por venir, el sol, el sábado y el *tashmish*» (una palabra que significa la unión sexual o la defecación).

¿Cómo debemos entender, entonces, la relación de proximidad y, casi, de inmanencia recíproca entre el sábado, la obra y la inoperosidad? En su comentario al Génesis, Rashi se refiere a una tradición por la cual en el sábado también se creó algo: «Después de los seis días de la creación, ¿qué le faltaba todavía al universo? La *menujá* ["la inoperosidad", "el reposo"]. Vino el sábado, vino la *menujá* y el universo se terminó.» También la inoperosidad pertenece a la creación, es una obra de Dios; pero se trata, por así decirlo, de una obra muy especial, que consiste en volver inoperosas, en hacer reposar las otras obras. Rosenzweig expresa esta contigüidad heterogénea entre el sábado y la creación, escribiendo que éste es, también y al mismo tiempo, fiesta de la creación y fiesta de la redención, o bien que en él se celebra una creación que estaba destinada desde el principio a la redención (es decir, a la inoperosidad).

9. La fiesta no se define por lo que en ella no se hace, sino más bien por el hecho de que lo que se hace –que en sí mismo no es distinto de lo que se cumple cada día– es deshecho, vuelto inoperoso, liberado y suspendido de su «economía», de las razones y de los objetivos que lo definen en los días laborables (el no hacer es, en este sentido, sólo un caso extremo de esta suspensión). Si comemos, no lo hacemos para asimilar la comida; si nos vestimos, no lo hacemos para cubrirnos o resguardarnos del frío; si nos mantenemos despiertos, no lo hacemos para trabajar; si caminamos, no es para ir a alguna parte; si hablamos, no es para comunicarnos informaciones; si intercambiamos objetos, no es para vender o para comprar.

No hay fiesta que no comporte, en alguna medida, este elemento suspensivo, es decir, que no empiece ante todo con el volver inoperosas las obras de los hombres. En las fiestas sicilianas de los muertos descritas por Pitrè (aunque algo parecido ocurre en todas las fiestas que implican regalos, como Halloween, en la que los niños personifican a los muertos), los muertos (o una anciana llamada Strina, de *strena* [estreno], nombre latino de los regalos que se intercambiaban en las festividades de principio de año) les roban sus mercancías a los sastres, a los comerciantes y a los pasteleros, para regalárselas a los niños. Obsequios, regalos y juguetes son objetos de uso y de cambio que se han vuelto inoperosos, arrancados de su economía. En todas las fiestas de tipo carnavalesco, como las saturnales romanas, las relaciones sociales existentes se suspenden e invierten: no sólo los esclavos mandan a sus amos, sino que la soberanía se pone en manos de un rey bufón *(saturnalicius princeps)* que sustituye al rey legítimo, de modo que la fiesta se muestra ante todo como una desactivación de los valores y los poderes vigentes. «No hay fiesta antigua sin danza», escribe Luciano; pero ¿qué es la danza sino liberación del cuerpo de sus movimientos utilitarios, exhibición de los gestos en su pura inoperosidad? ¿Y qué son las máscaras, que intervienen de diferente modo en las fiestas de muchos pueblos, sino ante todo una neutralización del rostro?

10. Esto no significa que las actividades de los hombres, que la fiesta ha suspendido y vuelto inoperosas, necesariamente sean separadas y transferidas a una esfera más elevada y solemne. Es posible, más bien, que esta separación de la fiesta en la esfera de lo sagrado, que, por cierto, se produjo en un momento determinado, sea obra de la Iglesia y el clero. Quizá se debería tratar de invertir la cronología habitual –que pone en el origen a los fenómenos religiosos, que luego serían secularizados– y sostener por el contrario la hipótesis de que el momento en que las actividades humanas son sencillamente neutralizadas y vueltas inoperosas en la fiesta es un momento anterior. Lo que llamamos religión (término que no existe en las culturas antiguas en el sentido que nosotros le damos) intervendría en este momento para capturar la fiesta en una esfera separada. La hipótesis de Lévi-Strauss, que lee los conceptos fundamentales a través de los cuales estamos acostumbrados a pensar la religión (los conceptos de tipo *mana, wakan, orenda, tabou,* etcétera) como significantes excedentes que, en sí vacíos, pueden por

ello mismo llenarse de cualquier contenido simbólico, adquiriría en esta perspectiva un significado aún más amplio. Los significantes «con valor simbólico cero» corresponderían a las acciones y a las cosas humanas que la fiesta ha vaciado y vuelto inoperosas y que la religión interviene para separar y recodificar en su dispositivo ceremonial.

En todo caso –ya sea que la inoperosidad festiva preceda a la religión o que resulte en cambio de la profanación de sus dispositivos–, lo que aquí es esencial es una dimensión de la praxis en la que el cotidiano y simple hacer de los hombres no es negado ni abolido, sino suspendido y vuelto inoperoso, para ser, como tal, festivamente exhibido. Así, la procesión y la danza exhiben y transforman el simple andar del cuerpo humano, los regalos desvelan una posibilidad inesperada en los productos de la economía y del trabajo, la comida festiva renueva y transfigura el hambre de buey. Y no para volverlos sagrados e intocables, sino, al contrario, para abrirlos a un nuevo –o más antiguo– posible uso sabático. El lenguaje crudo y burlón del Talmud, que pone juntos el sábado y la unión sexual (o la defecación) como anticipos del tiempo por venir, muestra aquí toda su seriedad.

EL ÚLTIMO CAPÍTULO DE LA HISTORIA DEL MUNDO

En la marioneta, o en Dios.

Los modos en que ignoramos algo son tanto y a la vez más importantes que los modos en que lo conocemos. Existen modos del no saber –distracciones, desatenciones, olvidos– que producen torpeza y fealdad, pero existen otros –la distracción del jovencito de Kleist, la despreocupación encantada de un niño– cuya perfección no nos cansamos de admirar. El psicoanálisis llama remoción a un modo de ignorar que con frecuencia produce efectos nefastos en la vida de quien ignora. Por el contrario, llamamos bella a una mujer cuya mente parece felizmente inconsciente de un secreto del cual su cuerpo está perfectamente al corriente. Existen, pues, modos logrados de ignorarse, y la belleza es uno de ellos. Más aún, es posible que sea precisamente el modo en que conseguimos ignorar el que define el rango de lo que llegamos a conocer, y que la articulación de una zona de no conocimiento sea la condición –y, a la vez, piedra de toque– de todo nuestro saber. Si esto es cierto, un catálogo razonado de los modos y de las especies de ignorancia sería igualmente útil que la clasificación sistemática de las ciencias en las que se basa la transmisión del saber. Sin embargo, mientras que los hombres reflexionan hace siglos sobre cómo conservar, mejorar y hacer más seguros sus conocimientos, de un arte de la ignorancia faltan incluso los principios más elementales. La epistemología y la ciencia del método indagan y fijan las condiciones, los paradigmas y los estatutos del saber, pero sobre cómo sería posible articular una zona de no conocimiento no existen recetas. En efecto, articular una zona de no conocimiento no significa simplemente no saber, no se trata sólo de una falta o de un defecto. Significa, al contrario, mantenerse en la justa relación con una ignorancia, dejar que un no conocimiento guíe y acompañe nuestros gestos, que un mutismo responda límpidamente por nuestras palabras. O, para usar un vocabulario anticuado, significa que lo que nos es más íntimo y nutriente tenga la forma no de la ciencia y del dogma, sino de la gracia y del testimonio. En este sentido, el arte de vivir es la capacidad de mantenerse en relación armónica con lo que se nos escapa.

También el saber se mantiene, en último análisis, en relación con una ignorancia. Pero lo hace en el modo de la remoción o en aquel, más eficaz y potente, de la presuposición. El no saber es lo que el saber presupone como el país inexplorado que se trata de conquistar, el inconsciente es la tiniebla a donde la conciencia deberá llevar su luz. En ambos casos, algo es separado, para luego ser compenetrado y alcanzado. La relación con una zona de no conocimiento vela, por el contrario, por que ésta siga siendo tal. No para exaltar su oscuridad, como hace la mística, ni para glorificar su arcano, como hace la liturgia. Tampoco para llenarla de fantasmas, como hace el psicoanálisis. No se trata de una doctrina secreta o de una ciencia más alta, ni de un saber que no se sabe. Más aún, es posible que la zona de no conocimiento no contenga precisamente nada especial, que si se pudiera mirar hacia su interior, sólo se entrevería –aunque no es seguro– un viejo trineo abandonado, sólo –aunque no está claro– el gesto arisco de una niña que nos invita a jugar. Quizá tampoco existe una zona de no conocimiento, existen sólo sus gestos. Como tan bien había comprendido Kleist, la relación con una zona de no conocimiento es una danza.

PRINCIPALES OBRAS CITADAS

Agustín de Hipona, *La città di Dio,* introducción y notas de D. Gentili y A. Trapè, en *Opere di Sant'Agostino,* vol. V/1-3, 38 volúmenes, Roma, Città Nuova Editrice, 1965-2005. [Trad. cast.: *La ciudad de Dios,* en *Obras completas de San Agustín,* vol. 16-17, 41 volúmenes, Madrid, BAC, 2007.]

—, *La Genesi alla lettera,* al cuidado de L. Carrozzi, en *Opere di Sant'Agostino,* vol. IX/2, *op. cit.* [Trad. cast.: *Comentario literal al Génesis,* en *Obras completas de San Agustín,* vol. 15, *op. cit.*]

—, *L'istruzione cristiana,* al cuidado de M. Simonetti, Fondazione Lorenzo Valla, Milán, Mondadori, 1994. [Trad. cast.: *La doctrina cristiana,* en *Obras completas de San Agustín,* vol. 15, *op. cit.*]

—, *Natura e grazia,* introducción y notas de D. Gentili y A. Trapè, en *Opere di Sant'Agostino,* vol. XVII/2, op. cit. [Trad. cast.: *La naturaleza y la gracia,* en *Obras completas de San Agustín,* vol. 6, *op. cit.*]

Avicena, *Liber de anima, seu Sextus de naturalibus,* edición crítica de la traducción latina medieval por S. Van Riet, Lovaina-Leiden, Peeters-Brill, 1968-1972.

Badiou, Alain, *Le siècle,* París, Seuil, 2005. [Trad. cast.: *El siglo,* Buenos Aires, Manantial, 2008.]

Benjamin, Walter, «Le affinità elettive», en *Angelus novus,* Turín, Einaudi, 1962. [Trad. cast.: «Las afinidades electivas de Goethe», en *Dos ensayos sobre Goethe,* Barcelona, Gedisa, 1996.]

—, *Tagebücher,* en *Gesammelte Schriften,* Band VI, Frankfurt-am-Main, Suhrkamp, 1985. [Trad. cast.: *Diarios,* en *Obras,* Madrid, Abada Editores, 2006.]

Cirilo de Jerusalén, *Catéchèses mystagogiques,* introducción, texto crítico y notas de A. Piedagnel, París, Les Éditions du Cerf, 2004. [Trad. cast.: *Catequesis,* Madrid, Ciudad Nueva, 2006.]

De Broglie, Guy, *De fine ultimo humanae vitae,* París, Beauchesne et fils, 1948.

Eckhart (Maestro), *Sermo latinus, eius est imago haec,* en *Die deutschen und lateinischen Werke,* texto y traducción de E. Benz, Stuttgart, Kohlhammer, 1936.

Epícteto, *Diatribe,* introducción, prefacio y paráfrasis de G. Reale, Milán, Rusconi, 1982. [Trad. cast.: *Manual. Disertaciones por Arriano,* Madrid, Gredos, 2002.]

—, *Manuale,* introducción, traducción y notas de M. Menghi, Milán, Rizzoli, 2006. [Trad. cast.: *Manual. Disertaciones por Arriano, op. cit.*]

Filón de Alejandría, *Commentario allegorico alla Bibbia,* al cuidado de R. Radice, Milán, Bompiani, 2005. [Trad. cast.: *Obras completas,* vol. 2, Madrid, Trotta, 2010.]

Genesis Rabbah, The Judaic Commentary to the Book of Genesis. A New American Translation I-III, traducción de J. Neusner, Atlanta, Scholars Press, 1985. [Trad. cast.: *Génesis Rabbah I (Génesis 1-11). Comentario midrásico al libro del Génesis,* Navarra (Estella), Editorial Verbo Divino, 1994.]

Harl, Marguerite, «La prise de conscience de la "nudité" d'Adam», en *Studia patristica,* VII, 92, Berlín, 1966.

Isidoro de Sevilla, *Etimologie e origini,* Turín, Utet, 2004. [Trad. cast.: *Etimologías,* Madrid, BAC, 2009.]

Jerónimo, *Epistulae,* 64, 19, 3 volúmenes, Vindobonae, Osterreichische Akademie der Wissenschaften, 1996.

Kierkegaard, Søren, *Atti dell'amore,* al cuidado de C. Fabro, Milán, Bompiani, 2003. [Trad. cast.: *Las obras del amor,* Salamanca, Sígueme, 2006.]

Kleist, Heinrich von, *Sul teatro di marionette,* en *Opere,* al cuidado de L. Traverso, Florencia, Sansoni, 1959. [Trad. cast.: *Sobre el teatro de las marionetas y otros ensayos de arte y filosofía,* Madrid, Hiperión, 2005.]

Lévi-Strauss, Claude, «Introduction à l'œuvre de Marcel Mauss», en Mauss, Marcel, *Sociologie et anthropologie,* París, PUF, 1950. [Trad. cast.: «Introducción a la obra de Marcel Mauss», en Mauss, Marcel, *Sociología y antropología,* Madrid, Tecnos, 1991.]

Lossky, Vladimir, *Théologie négative et connaissance de Dieu chez Maître Eckhart,* París, Vrin, 1973.

Nietzsche, Friedrich, *La nascita della tragedia. Considerazioni inattuali I-III,* Milán, Adelphi, 1972. [Trad. cast.: *El nacimiento de la tragedia,* Madrid, Alianza, 2004.]

Orígenes, *I principi. Contra Celsum e altri scritti filosofici,* al cuidado de M. Simonetti, Florencia, Sansoni, 1975. [Trad. cast.: *Contra Celso,* Madrid, BAC, 2001.]

Peterson, Erik, «Theologie des Kleider», en *Marginalien zur Theologie und andere Schriften,* Würzburg, Echter, 1995.

Plutarco, *Quaestionum convivialium libri IX,* texto establecido y traducido por F. Frazier y J. Sirinellin, en *Œuvres morales,* 9, 3, París, Les Belles Lettres, 1996. [Trad. cast.: *Obras morales y de costumbres (Moralia),* Madrid, Gredos, 2002.]

Rashi di Troyes, *Commento alla Genesi,* Marietti, Casale Monferrato, 1985.

Sartre, Jean-Paul, *L'Être et le Néant. Essai d'ontologie phénoménologique,* París, Gallimard, 2000. [Trad. cast.: *El ser y la nada,* Buenos Aires, Losada, 2004.]

Šhahrastānī, Muhammad ibn'Abd al-Karim, *Livre des religions et des sectes,* introducción, traducción y notas de J. Jolivet y G. Monnot, vol. 2, Lovaina-París, Peeters-Unesco, 1993.

Die Schriften der römischen Feldmesser, al cuidado de F. Blume, K. Lachmann y A. Rudorff, Berlín, 1848.

Smith, Jonathan Z., «The Garments of Shame», en *History of Religion,* V, 2, 1966.

Sohn-Rethel, Alfred, *Napoli. La filosofia del rotto,* Nápoles, Alessandra Caròla Editrice, 1991.

Stimilli, Davide, *Kafka's Shorthand,* conferencia inédita dictada en el Warburg Institute de Londres el 20 de mayo de 2006.

Tafuri, Manfredo, «Le forme del tempo: Venezia e la modernità», en *Università IUAV di Venezia, Inaugurazioni accademiche, 1991-2006,* Venecia, IUAV, 2006.

Taviani, Ferdinando, y Schino, Mirella, *Il segreto della Commedia dell'Arte. La memoria delle compagnie italiane del* XVI, XVII e XVIII *secolo,* Florencia, La Casa Usher, 1982.

Tomás de Aquino, *La Somma teologica,* al cuidado de los dominicos italianos, traducción y texto latín de la Edizione Leonina, 34 volúmenes, Florencia, Salani, 1949-1975. [Trad. cast.: *Suma teológica,* Madrid, BAC, 2010.]

Vangelo copto di Tommaso, en *Apocrifi del Nuovo Testamento,* al cuidado de L. Moraldi, Turín, Utet, 1975. [Trad. cast.: *Los Evangelios apócrifos,* edición de Aurelio de Santos Otero, Madrid, BAC, 2009.]

Vio, Tomás de, *Commentaria in Summam Theologiae,* en *Sancti Thomae Aquinatis Summa Theologiae cum supplementis et commentariis Thomae de Vio Caietani,* vol. 4-12, Roma, Edizione Leonina, 1888-1906. [Trad. cast.: *Del ente y de la esencia,* Caracas, Universidad Central de Venezuela-Ediciones de la Biblioteca, 1974.]

CRÉDITOS DE LAS ILUSTRACIONES

Se agradece a Vanessa Beecroft la gentil cesión de las imágenes de las páginas 76 y 87.

La reproducción de la página 78 del fresco *Adán y Eva en el paraíso terrestre* de Masolino, que se encuentra en Florencia en la Iglesia de Santa Maria del Carmine, Capilla Brancacci, aparece bajo la concesión del Servizio Musei Comunali. Se prohíbe cualquier reproducción o duplicación ulterior por cualquier medio.

Página 101: fotografía de la estatua de cera de la «Venere» © Saulo Bambi - Museo di Storia Naturale «La Specola», Florencia, Italia.

Página 102: «Sie kommen naked» y «Sie kommen dressed» © The Helmut Newton Estate/Maconochie Photography.

Página 114: fotografía de «Do It Yourself» © Uwe Ommer.

Por las imágenes que no aparecen expresamente citadas, el editor permanece a disposición de los derechohabientes.

ÍNDICE